허승은과 함께하는

초보자도
쉽게 배우는
스키 비법

| 허승은 지음 |

가림출판사

스키는 알면 알수록 타면 탈수록 어려운 스포츠입니다. 그 깊이가 한없이 깊고 한번 심취해서 파고들기 시작하면 끝이 없는 스포츠가 스키입니다. 한 단계 위로 올라갈수록 그 경지가 끝이 없으며, 특히 상급자로써 배워야 할 스키의 자세, 스키의 기술, 스키의 연습방법 등 무궁무진 합니다. 하지만 누구든지 즐기겠다는 마음만 있으면 자신의 페이스로 즐길 수 있고 자신에게 맞는 스키동작을 찾아 즐거움을 느낄 수 있는 것이 가능한 스포츠입니다.

여러분들도 지금 도전해 보십시오. 어렵다고 생각하면 어렵습니다, 이 정도 쯤이야 생각하면 쉬워집니다. 생각하는 것에 따라 달라질 수 있습니다. 긍정적 마인드로 '난 할 수 있다, 스키를 탈 수 있다, 편안하고 쉽게 탈 수 있다' 는 생각을 가지고 스키를 시작해 보십시오. 정말 쉽고 편하게 스키를 즐길 수 있습니다.

처음부터 끝까지 이 스키 책을 따라 해주십시오.

쉽고 편하게 스키를 즐길 수 있는 방법이 이곳에 있는데 왜 스키를 어렵게 배우려고 하십니까?

본인도 모르는 사이에 실력이 향상되어지고 스키가 '그다지 어려운 스포츠가 아니였구나' 라는 생각이 드실 것입니다.

모든 스포츠가 그러하듯 기본 자세가 가장 중요합니다.

기본 자세를 정확히 익히셨다면 중상급으로 더욱 빨리 진행되어질 것입니다.

스키는 즐기는 스포츠입니다. 이번 겨울을 저와 함께 스키의 세계로 떠나 보시지 않겠습니까?

턴과 스피드를 자유자재로 구사하는 카빙 스키

　과거 알파인 스키선수들의 특권이었던 카빙턴이, 오늘날에 와서는 평범한 스키어들에게도 즐길 수 있는 스키가 되어 많이 이용되고 있다. 카빙 스키의 등장으로 덕을 본 것은, 초보자 · 중급자 스키어들이다. 예전의 일반 스키는 스피드를 내기 위해서나 깊게 턴을 그리기 위해서는 강하게 힘을 실어야만 했었는데, 카빙 스키로 인해 기본 테크닉만 확실하게 익히면 불필요하게 힘을 쓰지 않고도 간단하게 카빙턴을 그릴 수 있게 되었다.

　하지만 이 카빙 스키를 잘 살려내지 못하고 있는 스키어들이 의외로 많아서 안타깝게 생각한다.

　자신이 생각하는대로 그리는 턴. 눈 위 경사면을 자신이 원하는대로 미끄러지며 내려올 때의 그 기쁨을 알게 된다면, 당신은 스키를 그만 둘 수 없게 된다.

　카빙 스키를 자유자재로 다루면서 스피드를 즐기면서 앞으로 나아가는 그 속도감!! 스키로 슬로프를 내려가는 순간에는 오로지 쾌감뿐, 그 이외에는 아무 것도 느낄 수 없다.

스키의 세계로 들어가 보자.

새하얀 눈 위를 미끄러져 내려가는 스키!
참을 수 없는 스피드와 뺨을 스쳐지나가는 바람
턴을 반복할 때마다 고조되는 환희
스트레스를 한 방에 날려 보낼 수 있을 것입니다.

CONTENTS 차례

제4장 더욱 더 스키를 즐겁게!

제1장에서는 스키 장비를 고르는 방법과
사용하는 방법에 대해서 알아보자.

스키에 익숙하지 않을 경우에는 부츠를 신거나 스키를 들고 다니는 것만으로도 불편하고
고생스럽다고 생각하게 된다. 스키와 친해지기 위해서는 무엇보다도 스키 장비를 쉽게 다
루는 방법부터 익히는 것이 우선이다. 그리고 스키장(슬로프)에 나가기 전 자신의 스키장
비에 익숙해지도록 하는 것도 중요하다. 부츠나 스키를 들고 다니는 것에 익숙해지는 것
만으로도 스키를 한층 더 즐겁게 즐길 수 있게 될 것이다.
기초부터 시작해보자!

스키 장비의 준비와
사용 방법

01 스키 고르는 방법

스키를 타보는 것이 처음이라면 솔직하게 "스키 처음이에요."라고 매장 직원에게 말하고 자문을 구하는 것이 좋다. 장비 구입을 위한 예산까지 말해주면 자신에게 맞는 스키 장비를 잘 구입할 수 있게 될 것이다.

스키를 타기 위해서는 스키뿐만 아니라 부츠, 폴, 스키웨어 등 여러 가지 장비가 필요하다. 인터넷을 보면서 오랜 시간 고민할 바에는 차라리 직접 쇼핑을 나서는 것이 좋다. 매장 직원에게 "스키를 처음 배우는데, 무엇이 필요한지 잘 모르겠습니다."라고 말하는 것으로 충분하다. 다음 문제는 역시 예산이므로 매장에서 직원에게 많은 조언을 구하도록 한다. 스키에 관해 자세히 모르는 매장도 있으므로 스키 매장을 잘 선택하는 것도 중요하다.

롱턴(long turn)을 위한 스키

롱턴용 스키는 몸통 전체가 폭이 좁고 날씬하면서 길게 생겼다. 속도가 잘날 수 있도록 설계가 되어 있고, 무게도 꽤 나가기 때문에 타는 느낌이 안정적이다. 상급자들 또는 스피드를 즐기는 분들께 추천하지만, 초보자에게는 권장하지 않는 모델이다.

숏턴(short turn)을 위한 스키

짧고 머리 부분이 두툼하게 생긴 것이 숏턴용 스키이다. 기초용 모델은 부드럽게 만들어 다루기 쉽도록 제작한 것도 있다. 사이드 커브가 많이 빡빡하지 않은 것을 선택하되 중상급자들에게 추천할 만하다.

올라운드 스키 (모두에게 추천)

초보자나 스키를 잘 타고 싶어 열심히 연습하고 있는 사람들에게는 올라운드 모델을 추천한다. 스키센터가 조금 크며, 슬로프 경사면을 내려가기 쉬운데, 부드러운 것을 고르도록 한다.

팁!!!

스키 밑을 보면 사이드에 에지 부분이 있다. 에지 부분은 중상급자로 갈수록 중요한 부분이다.

부츠 고르는 방법

부츠는 스키 장비 중에서 가장 중요한 부분이므로 스키 이상으로 신중하게 선택해야 한다. 아프지 않고 지나치게 빡빡하지 않다고 느껴지는 부츠를 고르도록 한다.

부츠는 스키 이상으로 실력 향상을 좌우하기 때문에 신중하게 골라야 한다. 상급자용에 해당하는 부츠들은 단단한 것들이 많은데, 너무 단단한 부츠를 초보자들이 신게 되면 일단 움직이는 것부터 힘들어 한다. 또 초보자의 경우, 아프지 않은 부츠를 선택하기 위해 무조건 큰 사이즈를 고르는 경우도 있는데, 매장에 직접 들러 자신의 발 사이즈를 잰 다음에 딱 맞는 사이즈를 골라 신기를 권한다. 같은 브랜드라 할지라도 단단함이나 형태가 다르기 때문에 매장 직원에게 조언을 구하는 것이 가장 좋다. 충분한 시간을 두고 많은 종류의 부츠들을 신어보고 비교해 본 다음에 자신에게 맞는 부츠를 찾도록 한다.

부츠의 여러 가지 종류

부츠는 색뿐만이 아니라 단단함과 발의 형태로도 종류가 많이 틀리다. 정강이 부분의 높낮이도 신경쓰면서 자신에게 딱 맞는 부츠를 골라보자.

같은 브랜드, 같은 사이즈라 할지라도 사용목적, 사용하는 사람이 다르면 형태(form)가 달라진다.

같은 브랜드의 부츠라 할지라도 폭이나 형태

에 따라 그 종류가 구별된다. 부츠를 고르는 기준은 발의 세로
수치이다. 어딘가가 닿아 아프게 느껴진다면, 큰 사이즈의 부
츠를 시도하기 전에 일단 똑같은 사이즈의 부츠 중에 폭이 넓
은 것을 신어보자.

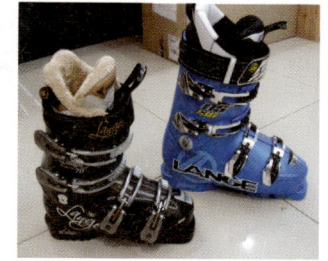

이너(inner)부츠에도 주목한다

부츠의 안쪽에 있는 이너부츠를 꺼내는 것이 가능하다. '조
금 아픈데' 라는 생각이 들 때는 이너부츠 앞쪽에 있는 부분을
펼치는 등의 행동으로 응급처치를 할 수 있다. 부츠를 고를 때
는 이너부츠도 꺼내서 체크해 볼 것을 권한다.

버클(buckle)을 잘 죄어놓는 것만으로도 인상이 달라진다

버클을 죄는 것만으로도 부츠는 달라진다. 너무 느슨해도
안 되고, 너무 꽉 죄어도 부츠의 성능을 제대로 발휘할 수 없
다. 버클을 채우는 것은 되도록 균등하게 조정해서(adjust) 착
용감을 느낄 수 있도록 하기 위함이다.

팁!!!

부츠가 발에 맞지 않고 아프다고 생각되면 부츠튜닝을 하는 방법이 있다. 자신의 발모양으로 부
츠 안에 있는 이너부츠를 맞추거나 깔창을 발모양에 맞게 튜닝을 해준다. 발톱이 빠지고 발이 아
파도 계속 신다보면 늘어난다는 생각은 버려라. 스키 부츠로 인한 발의 통증은 여러 가지 상황에
서 유발된다. 이중 많은 스키어들에게 일어나는 문제가 발과 부츠의 모양이 맞지 않아 딱딱한 아
웃쉘 부분이 특정부위와 마찰이 생기거나 압박을 하게 되어 통증을 유발하게 된다. 이때 부츠와
본인의 발 상태, 부츠의 밸런스를 체크한 후 불편한 부분을 성형하는 부츠 아웃쉘 성형작업을 선
택한다. 아웃쉘 성형만으로 완벽한 피팅감을 기대하기엔 다소 부족한 부분이 있지만 커스텀인솔
과 포밍이너부츠보다 매우 저렴한 비용으로 지금까지 느껴왔던 통증을 완화시킬 수 있다. 스키매
장 안에 부츠튜닝하는 곳도 있으므로 문의해보도록 한다.

03 폴을 고르는 방법

　일반적으로 폴은 다른 스키 장비들을 모두 구매한 후에 가장 마지막으로 사게 된다. 그렇다고 폴이 중요하지 않은 것은 아니므로 신중하게 고르도록 하자.

　폴은 다른 스키 용구를 모두 갖추고 나서 마지막으로 저렴한 것으로 대강 고르게 되는 것이 일반적이다. 저렴한 폴일지라도 처음에는 별 문제가 없다. 하지만 다소 가격이 비쌀지라도 내구성이 뛰어난 카본샤프트나 가벼운 것이 특징인 알루미늄 폴, 길이를 가지고 고민을 할 것 같다면 길이 조정이 가능한 폴 등, 그 종류가 다양하기 때문에 폴 역시 주의 깊게 살펴보고 자신에게 맞는 것을 구매하는 것이 좋다.

《 폴의 길이를 고르는 기준 》

신장	145cm	150cm	155cm	160cm	165cm	170cm	175cm	180cm
기초 스키/신장 곱하기 약 64~67%	93~97cm	95~100cm	97~103cm	103~107cm	105~110cm	110~115cm	113~117cm	115~120cm
일반, 여성/신장 곱하기 약 66~69%	95~100cm	100~103cm	103~107cm	105~110cm	110~115cm	113~117cm	115~120cm	120~125cm
모글 스키	위에 적혀있는 기본 사이즈에서 −5 ~ −7cm 정도							
경기용, 파우더 스노우용	위에 적혀있는 기본 사이즈에서 +5 ~ +7cm 정도							

저렴한 가격대는 아니지만 길이를 조정할 수 있는 폴을 추천한다. 롱턴, 숏턴, 모글 등은 자신이 타고자 하는 턴을 할 때 길이를 알맞게 조정할 수 있어 유용하게 쓰인다.

길이 조정이 가능한 폴

경사면의 상태나 상황에 맞추어서 길이를 조정할 수 있는 장점이 있다.

스키를 새로 구입하는 경우 예산에 여유가 있다면, 길이 조정이 가능한 폴을 사도록 하자.

알루미늄 폴

다른 폴에 비해 비교적 저렴하기 때문에 인기가 있는데, 가장 눈에 띄는 점은 가벼움이다.

하지만 가격이 너무 싼 제품의 경우 묵직한 감이 있을 수 있기 때문에 주의해야 한다.

카본 폴

카본은 카본만의 독특하게 휘는 맛이 있다. 찔러 넣는 느낌이 다른 폴보다 부드러운데, 이 느낌에 대해서는 싫어하는 사람과 좋아하는 사람들로 의견이 나누어지는 편이기 때문에 스키매장 직원과 상담을 해보는 것이 좋다.

04 스키를 잡는 방법

스키의 에지 부분을 잡으면 장갑이 찢어지는 일도 있다. 바인딩 부분을 잡는 습관을 들이도록 한다.

스키의 에지는 칼날과 같은 것이다. 맨손으로 잘못 만지면 손을 베일 수 있다. 평상시에 스키를 들고 다닐 경우, 바인딩 부분(앞부분)을 잡고 다니도록 습관을 들이자. 그렇게 해야 장갑을 오래 사용할 수 있다.

바인딩의 스토퍼(stopper)를 이용하면 두 스키를 간단하게 묶을 수 있다. 무리해서 힘으로 스키를 분리하려고 해도 떨어지지 않을 것이다. 무리해서 분리하려고 하면 스키가 망가질 수도 있고 에지 부분이 망기질 수도 있기 때문에, 바인딩의 앞부분을 잡은 상태에서 두 스키를 위아래로 교차하듯이 움직이게 해서 간단하게 분리시키자. 포개어 겹치는 것도 이와 마찬가지로 간단하다. 앞에서 분리하는 과정을 반대로, 즉 위아래에서 서로 겹치듯이 끼워 넣으면 되는 것이다.

× 나쁜 예

○ 좋은 예

손가락이 에지에 닿지 않도록, 바인딩의 앞부분을 잡자.

Point-1

스키를 겹치다

스키를 분리하다

좌우로 스키를
분리하거나
겹치거나 하는
경우에는 한쪽
스키를 위아래로
움직이면 된다..

Point-2

스키를 든다

스키를 내려 놓는다

눈 위에 스키를 두는 경우에는
바인딩 앞부분을 잡은 상태에서 조심스럽게 내려놓는다.

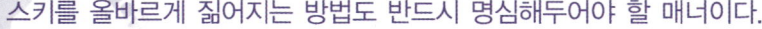

05 스키를 어깨에 메는(짊어지는) 방법

스키를 올바르게 짊어지는 방법도 반드시 명심해두어야 할 매너이다.

스키를 능숙하게 메고 다니는 것만으로도 스키를 잘 타는 사람처럼 보일 수 있다. 짊어지고 가는 것에 익숙해지지 못하면 스키가 흩어지게 되어 관리가 힘들어지는 것은 물론, 들고 다니며 운반하는 것도 어려워진다. 물론 익숙해지면 모든 것이 간단하다.

스키를 올바르게 짊어지는 방법은 포개어놓은 스키의 앞부분을 양손으로 잡고 어깨에 얹는 것이다. 명심해야 할 것은 바인딩의 앞부분을 어깨의 뒤쪽에 닿도록 한다. 그리고 스키앞쪽 부분을 팔로 누르고 있으면 스키가 뿔뿔이 흩어지지 않고 밸런스를 유지하기도 쉽기 때문에 먼 거리를 걸어가게 되더라도 편하게 들고 갈 수 있다.

사진에 있는 잘못된 예처럼 스키를 안고 다닐 경우, 스키복을 더럽힐 수 있고 팔이 아플 수 있다. 또한 바인딩 가운데 부분을 어깨에 짊어지는 경우 스키가 앞으로 계속 흘러 내려서 이동할 수 없게 된다.

올바르게 짊어지는 방법

주차장이나 사람이 많은 곳에서는 주변을 잘 살피도록 한다. 스키로 사람을 치는 것도 문제지만, 자신의 아끼는 차라던가 다른 사람의 차를 흠집나게 하면 정말 곤란하기 때문이다.

또한 스키를 어깨에 짊어질 때 스키 바인딩의 스토퍼(stopper)를 잘 이용하자.

스토퍼가 겹치는 부분이 위로 가도록 한다.

스키를 짊어지는 잘못된 방법

바인딩의 정중앙이 어깨에 놓이도록 하면 스키복이 더럽혀지기도 하고, 스키가 뿔뿔이 흩어지기도 쉽다. 그리고 무엇보다도 '초보자 티'가 난다.

팁!!!

스키밴드를 이용하자! 스키를 살 때는 스키밴드도 꼭 함께 구매한다. 스키를 묶어서 함께 보관하면 운반하기도 편리하고, 스키가 미끄러지거나 해서 스키바닥이나 에지가 상처 입는 일도 줄어든다.

스키는 스키 윗부분보다 스키바닥의 역할이 더욱 중요하므로 흙이나 돌을 밟지 않도록 주의한다(스키를 탄 후 스키에지 부분을 수건으로 닦아주는 습관을 들이도록 한다. 스키에지에 녹이 쓸면 스키의 수명이 단축된다).

06 스키를 들고 걷는 방법

사람이 많거나 리프트를 타는 곳까지 스키를 직접 들고 다니도록 하자. 항상 주위를 살피며 들고 다닐 수 있도록 하는 것이 포인트이다.

티켓 매표소나 곤돌라 타는 장소, 스키를 가지고 슬로프(스키장)에 나갈 때와 같이 사람이 많은 곳에서 스키를 짊어지고 다니는 것은 매우 위험하다. 이런 장소에서는 스키를 직접 손으로 들고서 운반하도록 하자. 스키를 겹쳐서 한 손으로 들고 다니는 방법과 각 손마다 하나씩 들고 다니는 방법이 있는데, 여성이나 초보자에게는 양손 모두 사용하는 방법을 추천한다. 폴의 끈 부분을 손에 끼워 넣은 상태에서 바인딩의 앞부분을 잡으면 무겁다고 느껴지지도 않고 보는 사람 입장에서도 깔끔하다. 한 손으로 들고 다니는 것은 상급자들에게만 권한다. 요령만 익히면 간단하며, 폴은 주의하도록 한다.

양손으로 스키를 들고 다니는 경우

1. 가장 편한 방법이 각 손에 하나씩 들고 다니는 것이다. 스키를 벗은 뒤 바인딩 앞부분을 잡고 들어주면 된다.
2. 폴을 들고 있을 때는 그립을 쥐고서 뾰족한 끝부분을 반드시 밑으로 향하도록 한다. 어린 아이들의 눈을 다칠 수 있으므로 세심한 주의가 필요하다.

Point

바인딩 앞부분 바로 윗
부분을 잡자.

한 손으로 스키를 들고 다니는 경우

한 손으로 스키를 들고 다니는 것은 여성이나 스키에 익숙하지 않은 사람들에게는 조금
어려울 수 있다. 바인딩 앞부분의 조금 위를 잡고 스키의 아랫부분이 끌리지 않도록 주의
한다.

07 부츠를 신는 방법

스키를 좋아하지 않는 사람들 중 대부분 부츠를 잘 다루지 못해 익숙해지지 못한 사람들이 많다.

부츠를 다루는데 있어 가장 중요한 것 중 하나는 부츠를 따뜻하게 해두는 것이다. 그렇다고 히터 앞이나 따뜻한 곳에 하룻밤 내내 놔두라는 의미는 아니다. 자칫하다간 부츠를 따뜻하게 하는 것이 아니라 형태를 바꿔버릴지도 모르기 때문이다.

우선적으로 스키보관소나 방에서 확실하게 건조시키도록 한다. 차 안에다가 무심코 방치해두고 가면 부츠의 플라스틱이 차가워짐과 동시에 딱딱해지기 때문에 신는 것이 어려워진다. 이럴 때 발과 발목을 잘 이용해서 신으면 또 다시 신을 수 있으므로 큰 문제가 되는 것은 아니지만. 초보자들은 부츠 신기가 상당히 어려워질 수 있다.

발이 부츠에 딱 맞아떨어질 수 있도록 확실하게 신을 수 있어야 한다.

이너부츠 앞부분(혀)을 넓혀서 발가락 부분을 먼저 들어가게 신으면 발뒤꿈치가 부츠 안에 알맞게 들어가게 된다.

팁!!!

부츠의 최상단 부분에 있는 파워벨트는 스키를 탈 때 정강이의 힘을 잡아주는 역할을 담당하므로 중요한 부분이다. 하지만 너무 꽉 죄어버리면 발목이 움직이기 힘들어지며, 다리에 쥐가 날 수도 있다. 그럴 때는 파워벨트를 조금 느슨하게 풀어주는 것도 하나의 방법이다.

또한 스키를 탈 때 발이 너무 아프고 쥐가 난다면 리프트 타기 전에 부츠 버클을 풀어준 후 발을 편하게 해둔 다음 스키 타기 전에 다시 죄여주면 훨씬 수월하게 스키를 즐길 수 있을 것이다. 스키 타기 전에 꼭 다시 버클을 죄어주는 것을 명심한다. 잊어버리고 스키를 타게 되면 발을 죄어주지 못해서 다칠 위험이 있다.

스키복 바지 밑에 있는 비닐모양의 속옷을 확실히 아래로 내려 부츠를 감싸주면 눈이 들어가는 것을 방지할 수 있다. 절대로 스키복 바지 아랫부분에 같이 달려있는 부분을 부츠 속에 집어넣으면 안 된다.

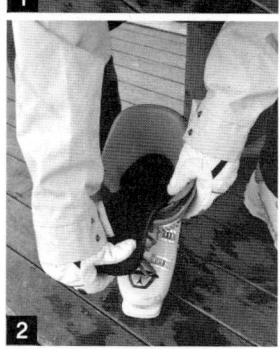

1. 이너부츠의 앞부분을 앞으로 밀어서 공간을 넓게 한다.
2. 발가락 부분을 먼저 집어넣는다.
3. 조금 더 크게 이너부츠 앞부분과 부츠의 플라스틱 부분을 넓게 벌린 후 발 전체를 집어넣는다.
4. 이너부츠의 앞부분을 정강이 부분의 위치에 맞도록 조정한다.
5. 발끝 쪽에 있는 것부터 시작해서 버클들을 조인다.
6. 버클이 열리지 않도록 누른다.
7. 버클들이 잘 죄여졌는지 확인한다.
8. 파워벨트를 묶는다.
9. 스키복 바지 밑의 안쪽부분에 달려있는 부분을 내린다.
10. 완료

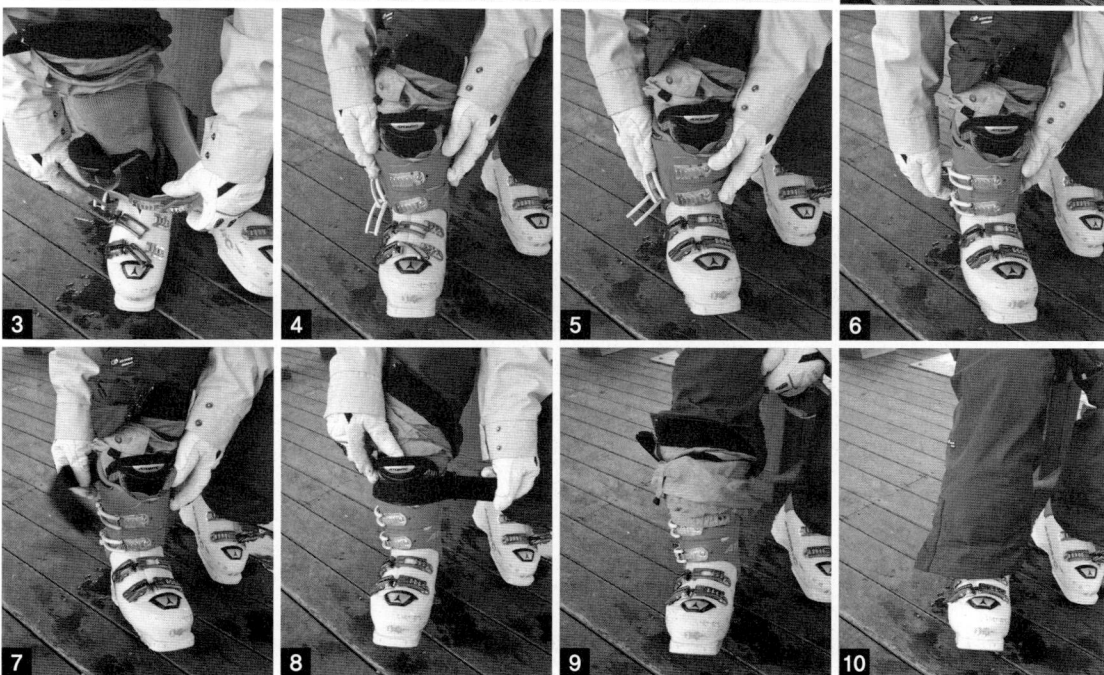

08 걸으면서 부츠에 익숙해지는 방법

스키부츠는 스키와 몸을 이어주는 가장 중요한 장비이다. 우선은 부츠에 익숙해지는 것에 서부터 시작하자.

부츠는 스키의 가장 중요한 부분이며 부츠를 잘 다루는 것은 스키 상급자가 될 수 있는 최단거리로 이어진다. 우선은 부츠를 신고서 걸어보자. 걷는 중에 폴을 함께 이용하면 매우 편리하므로, 우선은 폴을 다루는 것에 익숙해지도록 한다. 달릴 수 있는 수준이 되었다면 부츠가 편안하게 느껴질지도 모른다. 무엇보다도 부츠에 익숙해지는 것이 처음 할 일이다.

폴을 이용해서 걸어보자

폴 두 개를 눈 위에 찍으면서 걸어보자. 발 앞의 무게 중심을 신경 써서 걸어야 한다. 부츠를 신고 있을 때도 발목을 구부려서 움직이는 것은 상당히 중요하므로 기억해 두자.

포지션을 앞으로 기대어 걸어보자

걷는 것에 익숙해졌다면 폴을 찍으면서 빠르게 걸어보자. 부츠의 선행 즉 발 앞부분을 쓸 수 있게 되었다면 앞쪽으로 기운 전방 자세를 유지할 수 있게 되었다는 증거이다.

09 경사면을 오르내리는 방법

　부츠를 신고 걷는 것이 익숙해졌다면 다음은 경사면을 오르내리는 연습을 해보자. 포인트는 부츠의 앞부분을 이용하는 것이다.

　경사가 있는 곳을 걸어보면 부츠의 느낌이나 밸런스 감각이 더 뚜렷하게 느껴질 것이다. 경사면을 올라갈 때의 요령은 발끝(앞쪽)을 눈 속에 찔러 넣는 느낌으로 걸어가는 것이다. 내려갈 때는 이와 반대로 발뒤꿈치를 이용하도록 하자. 이때 폴을 잘 이용하면 미끄러질 위험도 없기 때문에 편리하다.

올라가는 방법

　일반적으로 걸을 때에 비해 앞으로 전경 자세를 유지하면서 경사면을 발끝(앞쪽)으로 눈속을 찔러 넣듯이 걸어 올라간다. 이것에 익숙해진다면 발목을 구부리는 느낌이 어떤 것인지 감각을 익힐 수 있다. 폴을 사용하는 것도 잊지 말자.

Point 1

발끝으로 축구공을
차듯이 올라가자.

내려가는 방법

경사면을 내려갈 때는 발뒤꿈치를 눈 속에 찔러 넣는 느낌으로 걸어간다. 보폭은 평상시보다는 좁게, 폴을 이용해서 밸런스를 유지하도록 한다.

Point 2

발뒤꿈치로 눈을 누르듯이 걸어 내려가자.

10 폴을 쥐는 방법

잘 사용하면 굉장히 편리한 장비가 폴인데, 대부분의 초보자들은 폴을 잘 사용하고 있지 않다.

폴을 올바르게 쥐는 방법부터 알아보자. 우선 그립의 좌우를 확인하는데, 잘 모르는 경우에는 폴 그립에 있는 끈을 체크한다. 폴 그립의 위에서부터 빠져나와 있는 쪽이 폴의 안쪽이다. 폴의 안팎을 확인했다면 그립의 끈 밑으로 손을 넣어 그립과 끈을 같이 잡으면 된다. 폴의 대부분은 끈의 길이를 조정할 수 있도록 되어 있으므로, 자신이 폴을 잡을 때 가장 알맞은 길이에 맞추도록 한다. 리프트 타는 곳까지 저어가거나, 낮은 경사에서 스키를 멈추고 싶을 때 등 여러 가지 상황에서 유용하게 쓰인다.

Point
오른쪽, 왼쪽 확인 후
사용한다.

폴을 쥐는 일반적인 방법

　그립의 좌우를 확인하도록 한다. 잘 모를 경우에는 끈을 확인하면 된다. 끈이 꼬이지 않도록, 그립의 끈고리 사이로 밑에서부터 손을 넣어 그립과 함께 잡는다. 끈의 길이 조절도 잊지 말아야 하는데, 익숙해지면 보지 않고서도 끈과 함께 폴을 쥐는 것이 가능해질 것이다.

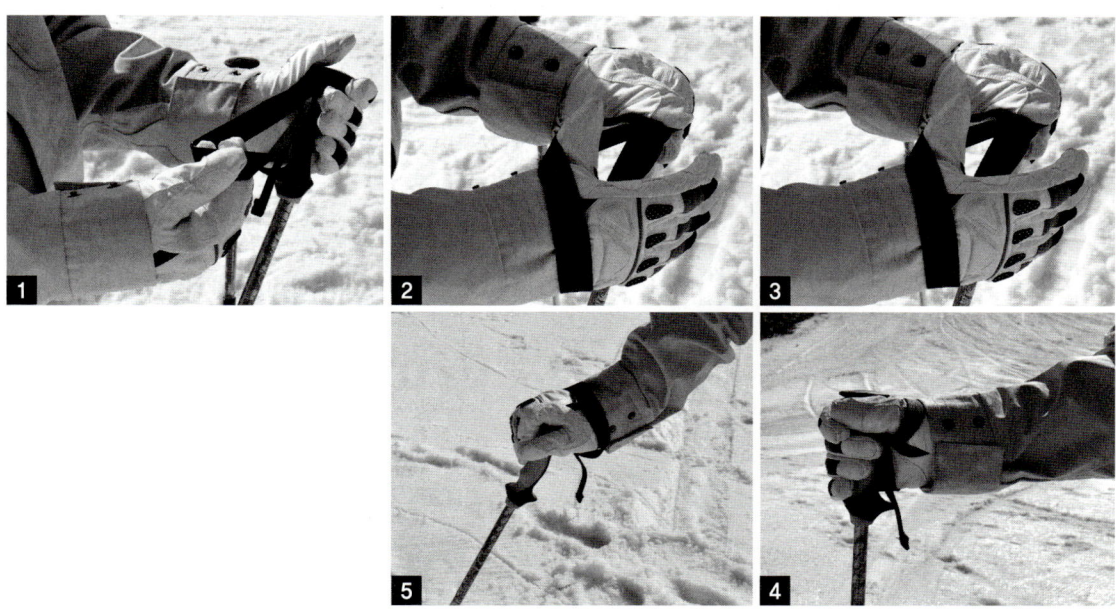

팁!!!

폴 잡는 방법을 살짝 바꾸는 것만으로도 편리해질 수 있다.
리프트 타는 곳에서, 스타트 직전에 있는 낮은 경사면에서도 미끄러지는 것을 방지할 수 있다. 폴을 잘 다루면 몸을 지탱하는데 크게 도움을 주기 때문에 폴을 잘 활용하도록 하자. 또한 폴 잡는 방법만 올바르게 알아도 스키를 능숙하게 다루는 사람처럼 보일 수 있다.
스키를 시작하면서 제일 먼저 익숙해져야 하는 것 역시 폴 잡는 방법이다.

제2장에서는 스키를 신고 벗거나 슬로프를 타기 전,
평지에서 활용할 수 있는 방법에 대해 알아보자.

리프트를 타고 올라가서 '무조건 내려오면 배울 수 있을 것이다'라고 생각하고 시작하면
스키를 싫어하게 되는 방법 중 하나가 된다. 슬로프에서 서는 법, 방향 바꾸는 방법, 스
키를 신은 채로 이동하는 방법 등은 어떻게 할 것인가? 스키와 폴에 익숙해지기 위해서,
그리고 스키를 타는 감각을 제대로 느끼기 위해서라도 우선은 평평한 곳에서 눈에 익숙해
지도록 한다. 폴로 밀어 나가는 연습을 하면 속도도 빠르지 않아 무섭지도 않으면서 눈
위를 미끄러지는 감각에 익숙해질 수 있다. 연습을 반복하고 나면 앞으로 스키 실력이 느
는 것은 금방이다. 스키 실력을 빨리 키우는 비결은 스키나 폴 등의 장비를 확실히 다룰
수 있어야 하는 것이다.

제 2 장

스키에 익숙해지자

01 스키를 신고 벗는 방법

부츠에 익숙해졌다면 스키를 신어보도록 하자. 여기서 중요한 것은 부츠 밑에 붙어 있는 눈을 확실하게 털어내야 한다는 것이다. 그렇지 않으면 부츠가 스키의 바인딩에 제대로 맞지 않게 된다. 우선은 바인딩의 스토퍼(stopper)를 눈 위에 박아두고 앞의 바인딩(톱)을 이용해서 부츠 밑바닥에 있는 눈을 확실히 털어내자.

평지에서든 경사면에서든 당황하지 않는 것이 중요하다. 스키를 고정시켜서 부츠 밑에 있는 눈을 떨어뜨리는 동작을 천천히 해본다.

바인딩의 스토퍼를 확실히 눈 위에 찔러 넣고 스키를 고정시키자. 그 다음으로는 부츠의 앞부분을 바인딩 앞부분에 맞추어 넣는다. 마지막으로 발뒤꿈치가 미끄러지지 않도록 주의하면서 부츠의 뒷부분을 밟아 바인딩에서 탁하는 소리와 함께 잘 맞춰서 들어가는지 확인한다.

뒷바인딩이 올라간 상태이거나 발뒤꿈치의 위치가 잘 맞지 않으면 스키에 고정되지 않는다.

초보자들이 많이 실수하는 부분은 뒷바인딩이 올라간 상태에서 스키를 신을려고 하는 것이다. 꼭 뒷바인딩을 체크하자.

팁!!!

부츠 밑에 붙어있는 눈을 주의하자.

눈 위를 걷다보면 부츠 밑에 눈이 붙게 된다. 그대로 스키를 신게 되면 바인딩에 제대로 고정되지 않으며, 또한 스키를 타는 중에 스키가 벗겨질 수도 있다. 바인딩 앞부분 위에 부츠를 두고서 앞뒤로 움직여 눈을 털어내도록 한다.

신는 방법

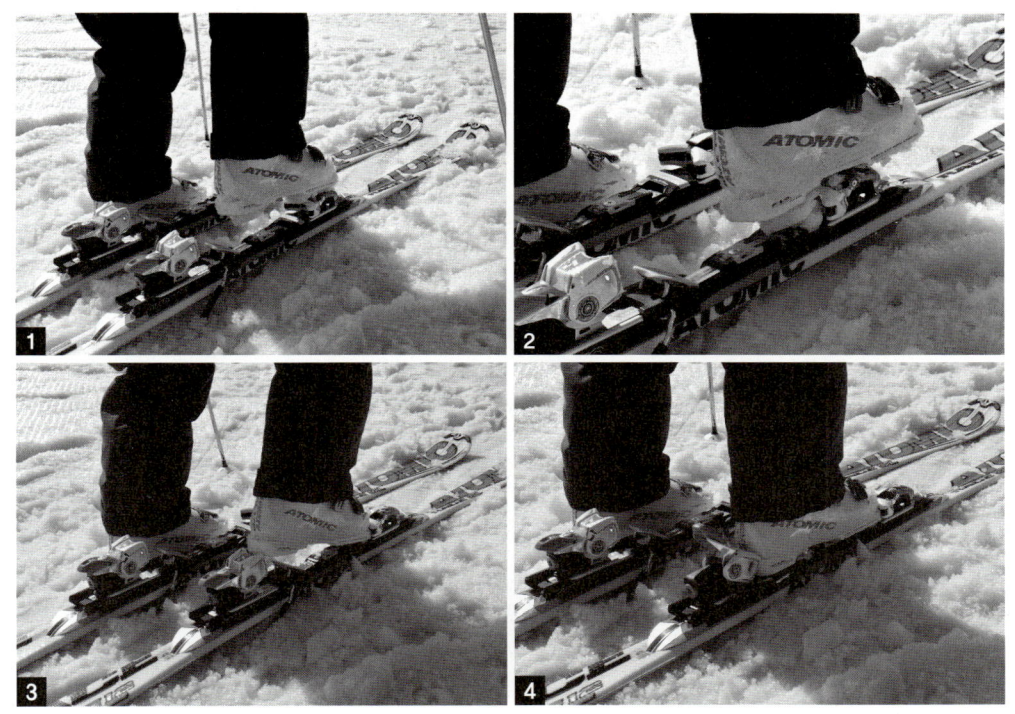

벗는 방법

　폴이나 손으로 바인딩의 뒷부분(heel lever)을 누르면 스키가 벗겨진다. 이미 한쪽을 벗은 상태라면 다른 한쪽의 스키는 이미 벗은 쪽의 부츠로 밟아도 된다. 양쪽 다 스키를 신은 상태에서 바인딩 뒷부분을 밟으려고 해서는 안 된다. 에지나 스키판이 상하게 된다.

Point

스토퍼(stopper)를
눈 위에 박아 넣는다.

스키를 신으면 눈 위를 미끄러져 내려가고 싶어지지만 잠깐만 참도록 하자. 우선은 평평한 곳에서 움직여보자.

스키를 잘 탈 수 있게 되기 위해서는 스키를 얼마나 자유자재로 다룰 수 있는가가 포인트이다. 우선은 스키를 신고서 방향전환부터 해보자. 스키의 방향을 자유자재로 바꿀 수 없다면 경사면에서는 그저 일직선으로 미끄러져 내려갈 수밖에 없다. 스키에 익숙해지는 연습도 겸해서 방향전환을 연습해두는 것이 좋다. 일단 익숙해지고 나면 간단하다.

스키 앞부분을 움직여서 조금씩 방향을 바꿔보자

처음으로 익힐 방향전환 방법은 스키 앞부분을 조금씩 움직이는 것이다. 폴을 확실히 신체에 가깝게 찍는 것이 포인트이며, 낮은 경사면에서도 스키는 쉽게 미끄러지므로 폴로 확실히 고정시키도록 하자.

제2장 스키에 익숙해지자

킥턴(kick turn)

앞의 동작이 가능해졌다면 이젠 킥턴을 해보자. 초보자에게는 어려운 동작일 수 있다. 하지만 좁은 장소에서 방향을 바꾸기 쉽기 때문에 마스터해두면 편리하다. 폴과 한쪽 발을 확실히 세우는 것이 중요하다.

Point **1**

폴로 확실히 찍기

평평한 장소에서 스키를 신고 걸어보자. 일단은 장비에 익숙해지는 것이 급선무다.

빨리 스키를 타고 싶은 마음에 서둘러 슬로프에 들어가도, 생각했던 대로 탈 수 없기 때문에 꽤 고생할 것이다. 일단은 스키 장비와 스키를 타고 미끄러지는 그 감각에 익숙해져 있어야 한다. 첫 단추를 끼우는 것이 평지에서 스키를 신은 채로 걸어보는 것이다. 첫 번째 포인트는 폴로 몸 전체를 밀듯이, 두 번째 포인트는 스키를 눈 위에 밀착시킨 상태에서 미끄러져 가는 것이다. 몸을 앞으로 밀듯이 하면 무리 없이 나아갈 수 있을 것이다. 스키로 눈 위에서 미끄러지는 그 감각에 익숙해졌다면, 실제 경사면에서 미끄러져 내려가는 것에 익숙해지는 것도 쉽게 이루어진다.

Point **2**

스키를 들지 않는다.

팁!!!

스키가 미끄러지는 감각을 느껴보자.
스키를 들면 밸런스가 무너지고 앞으로 잘 나아갈 수 없다. 스키를 들기보다는 바닥에 밀착시킨 상태에서 미끄러지듯이, 폴로 눈을 찌르면서 나아가는 것이 포인트이다.

레슨 04 경사면을 올라가는 방법(옆으로 걷기)

스키는 경사면의 위에서부터 미끄러져 내려오는 것이다. 스키는 경사면을 오르지 않고서는 미끄러져 내려오는 것을 할 수 없다. 올라가는 방법에 대한 기초를 배워보자.

스스로 경사면을 올라가는 방법 중에 가장 기본적인 것이 '옆으로 걷기'이다. 경사면을 향해서 봤을 때 직각으로 서서 경사면을 올라가자. 간단하게 들릴지도 모르지만 스키가 서로 겹치기도 하고 스키 부분을 들 수 없게 되는 등 만만치 않을 것이다.

그러므로 우선은 부츠로 시도해보자. 능숙하게 되었다면 이번엔 스키를 신는다. 스키에서 중요한 에지의 감각도 느낄 수 있기 때문에 확실히 연습해두어야 한다. '스키의 옆면을 세운다'는 느낌으로 시도해보자.

우선는 부츠로

너무 큰 보폭으로 움직이면 스키 옆 날이 서지 않게 된다. 자신에게 맞는 보폭으로 잘 맞추어서 움직여보자.

양쪽으로 스키를 모두 신는다

양쪽 스키를 모두 신게 되면 보폭은 당연히 좁아진다. 양 스키의 날을 확실히 세우도록 하자. 이때 중요한 것은 스키 판(옆 날), 에지의 느낌을 느껴보는 것이다.

05 경사면을 올라가는 방법(V자 스탠스)

스키의 자세를 V자 모양으로 만든 다음에 안쪽 날을 세워서 경사면을 올라가보자. 옆으로 걷는 방법보다 빠르며, 폴을 잘 이용하는 것이 포인트이다.

급한 경사에서는 쓸 수 없지만 리프트 타는 곳이나 낮은 경사에서는 유용하게 쓰인다. 신경 써야 하는 것은 인 에지(스키의 안쪽 날)와 폴이다.

우선 폴을 몸의 뒤쪽으로 찔러 두어 확실히 몸을 지탱할 수 있도록 하자. 스키를 모두 신은 상태에서는 스키의 테일(뒷부분)이 서로 겹치지 않도록 주의한다. 에지와 폴을 잘 사용해야 한다.

스키를 신은 상태

스키 날을 세워 미끄러지지 않게 되었다면, V자로 걸어 올라가는 것은 어렵지 않다. 폴을 함께 사용하는 것을 잊지 말자.

Point 1

폴은 몸보다 낮은 위치
(뒤쪽)에 둔다.

Point 2

걷는 중에 다른쪽 스키를 밟
지 않도록 조심해야 한다.

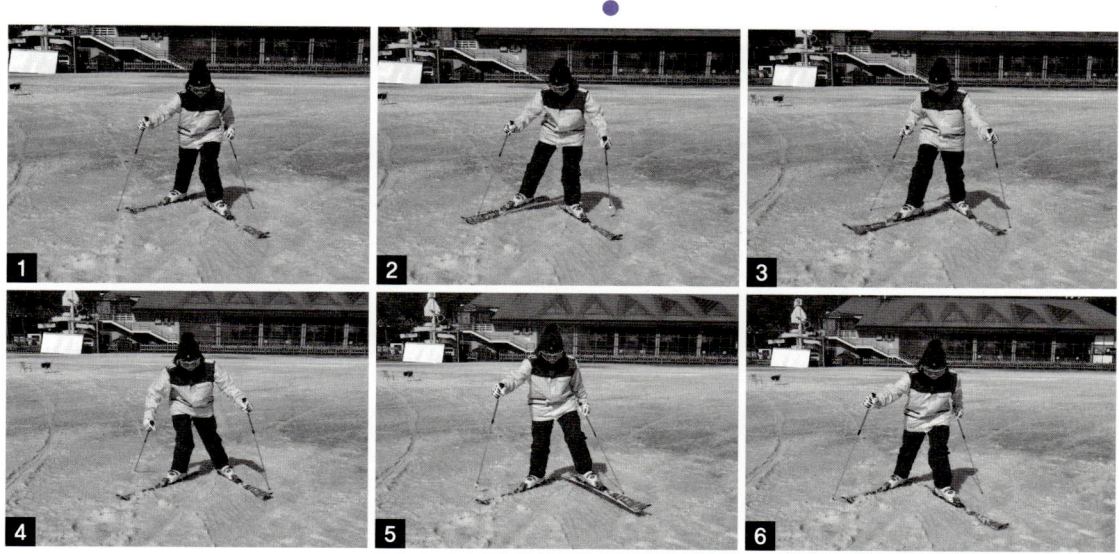

폴로 찍어서 스키를 미끄러지게 하는 방법

평평한 곳에서 폴을 찍어서 앞으로 움직여보자. 평평한 곳일지라도 미끄러져 나가는 중이라면 앞뒤 몸의 균형 잡기가 만만치 않다는 사실을 깨달을 것이다.

일단 평평한 곳에서 미끄러지는 중에 몸의 앞뒤 균형을 맞추는 것이 익숙해진다면, 경사면에서 서 있을 때 큰 도움이 되기 때문에 꼭 연습해 두길 바란다. 여성이나 초보자의 경우, 아주 낮은 경사면에서 연습을 해보면 스키의 감을 잡기 쉬울 것이다. 이렇게 폴로 밀어나가는 그 느낌에 익숙해지면, 경사면에서 나아가는 것은 간단하며, 밸런스(balance) 잡는 것도 쉬워진다.

폴로 세게 밀어보자. 동작을 크게 해서 되도록이면 한 번 미는 것으로 최대한 멀리까지 갈 수 있도록 해서 연습하는 것이 좋다. 올바른 자세가 잡힐 것이다.

07 폴을 찍고 출발해서 다리를 A자로 넓혀서 정지하는 방법

아무리 빨리 달릴 수 있는 자동차라 하더라도 브레이크가 없어서는 위험하다.

스키도 마찬가지다. 그러므로 평평한 장소에서 속도를 늦추는 연습과 확실하게 멈추는 연습을 해두자. 처음에는 일단 폴로 찍어서 천천히 나아간 다음에, 스키 뒷부분을 넓혀 스텐스가 A자가 되도록 한다. 스키의 기초 동작인 A자 자세에 들어가는 것을 확실히 익혀두면 스키를 잘 탈 수 있게 되는 지름길이 된다.

양다리를 넓혀 준다

처음에는 천천히 해보자. 어느 정도의 스피드까지 스스로 완벽하게 멈출 수 있는지 파악하는 것이 중요하다. 멈추는 연습이 되어 있지 않다면 스키 타는 중에 속도를 내는 것은 불가능하다.

Point
몸의 중심이 높이 잡혀 있으면 다리의 움직임이 쉬워진다.

한쪽 다리만 넓힌다

양다리를 모두 넓히는 동작에 익숙해졌다면 이번엔 한쪽 다리만 넓혀보자. 그렇게 하면, 자연스럽게 스키턴 동작을 할 수 있게 된다.

스키로 앞으로 전진하는 것, 그리고 전진하는 스키 위에 확실히 탈 수 있게 되면서 날을 세우는 훈련을 모두 겸해서 연습할 수 있는 스케이팅 연습에 도전해보자.

이 훈련을 하게 되면 평평한 곳에서의 이동 속도가 빨라지며, 좌우의 스키에 번갈아가며 몸을 실어서 앞으로 나아가는 기술을 익히는 것이 된다. 여기에서 양다리를 힘껏 차내어 나가는 발동작이 바로 턴에서의 에지 날 세우기 동작이다. 스케이팅 동작에서 발을 힘껏 차내어서 앞으로 부드럽게 나아갈 수 있다면 에지 세우기 동작을 정확하게 할 수 있다. 스케이팅 동작은 굉장히 중요한 레슨이다. 스키턴 중에 해야 하는 에지 세우기를 평지에서 하는 것이 바로 스케이팅이기 때문이다. 스케이트와 요령은 같다.

스케이팅 동작을 잘 하는 포인트는 발로 동작을 취하는 동시에 양쪽 폴로 확실히 몸을 밀어내도록 하는 것이다. 물론 폴을 잘 사용하는 것이 포인트이지만, 폴을 쓰면 너무 의존할 수 있으므로 여러 가지 동작을 번갈아 가면서 연습하도록 한다.

폴을 이용한 스케이팅 연습

폴로 저어가면서 양쪽 스키는 엇갈리는 모양으로 넓혀 나아간다. 스키가 잘 미끄러질 수 있도록 몸을 앞으로 기울도록(너무 앞으로 쓰러지지 않도록) 하고, 하반신 무릎을 적당히 굽힌 다음 발로 내리 누른다는 느낌으로 발의 안쪽 부분으로 하중(체중)이 실리도록 연습을 해보자.

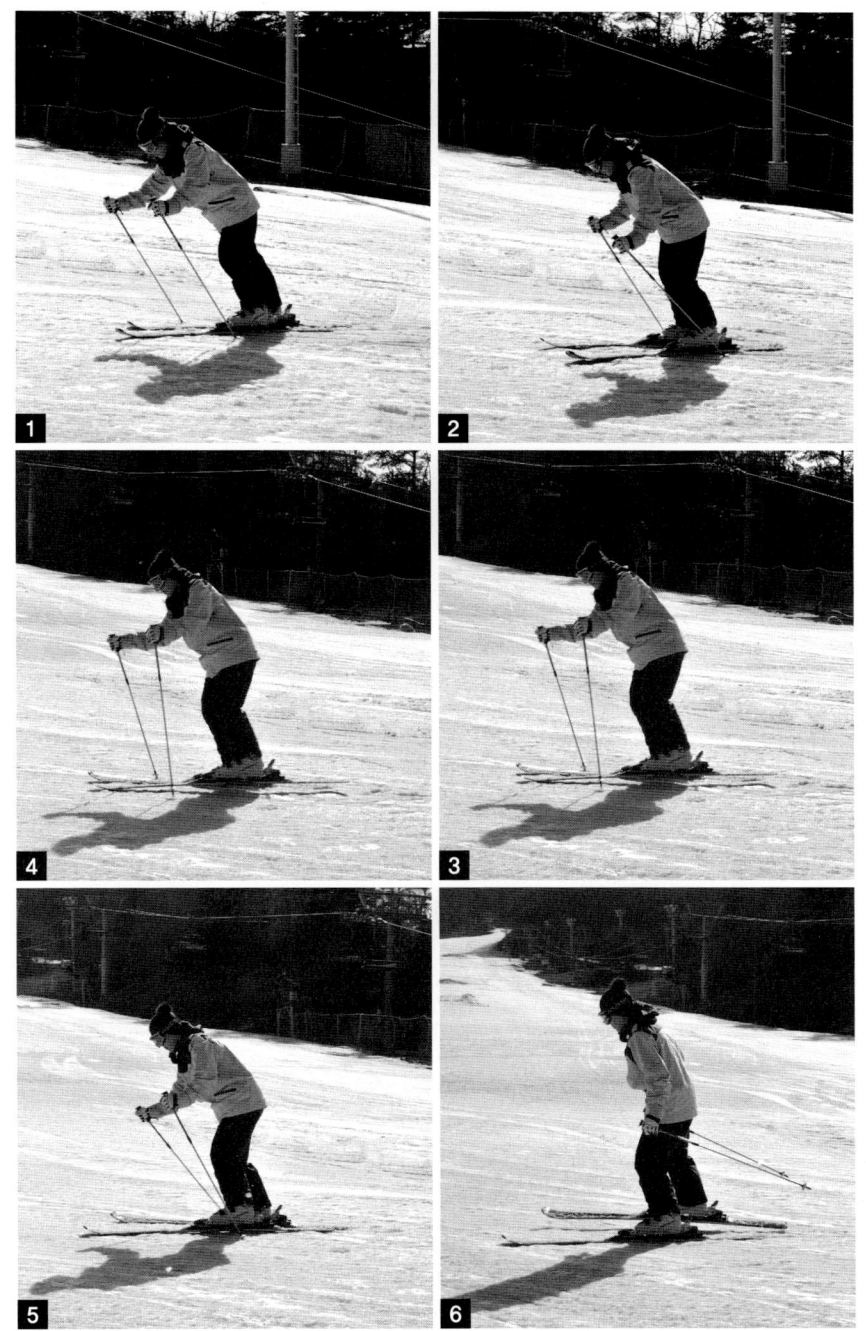

제2장 스키에 익숙해지자

다리를 이용한 스케이팅 연습

　폴로 저어가면서 하는 스케이팅이 익숙해졌다면 조금 어려운 동작으로 다리로만 스케이팅을 해보자. 폴을 사용하지 말고 지탱할 것이 없는 상황에서 밸런스 감각을 길러 에지날 세우기 동작을 익혀본다. 좌우 밸런스를 맞게 차내면서 앞으로 나아갈 수 있어야 좌우 균등하게 턴을 그려내는 것이 가능해진다.

 팁!!!

발목을 구부린 채로 스키를 타자.
뒷발로 차내어 나아가는 중에는 발목을 구부리고 있어야 몸의 균형을 유지하기 쉽다.

제3장에서는 슬로프에서 활용할 수 있는
방법에 대해 알아보자.

스키를 다루는 것과 평평한 곳에서 앞으로 전진하는 것에 익숙해졌다면, 이젠 슬로프로
이동해 보자. 경사면에서 미끄러져 내려가는 것은 평평한 곳에서 전진하는 것하고는 감각
이 완전히 다르다. 그러므로 경사면에서 스키를 타게 되면 지금까지와는 다른 문제들이
생기게 된다. 처음에는 경사도가 낮은 장소를 고르는 것이 중요하다. 우선은 낮은 경사면
을 천천히 내려오는 연습을 해보자. 낮은 경사면에서 내려오는 느낌 역시 상당히 기분이
좋을 것이다.

스키장에서
스키를 타보자

평지에서 스키가 움직이는 감각에 익숙해졌다면, 이젠 리프트를 타고 슬로프로 나가보자. 초보자에게는 리프트를 타고 내리는 것이 만만치 않을 것이다. 하지만 몇 가지 중요한 포인트만 명심하고 있으면 문제없다.

포인트는 리프트를 탈 때 자신이 서 있는 위치이다. 혼자서 타게 된다면 리프트의 정중앙에 서 있어야 하고, 다른 사람과 함께 탈 경우에는 되도록이면 리프트의 바깥쪽에서 타도록 한다. 만약에 리프트 타는 곳에서 넘어지게 되더라도 바깥쪽에 있는 경우라면, 리프트 의자에 부딪히거나 다른 사람들에게 피해를 끼치는 일이 줄어들게 된다. 다음으로는 탈 때 '리프트 의자를 손으로 받쳐주는 것'과 내릴 때 '리프트 의자를 손으로 밀어주는 것', 이 두 가지를 명심해서 손을 잘 사용한다면 리프트에서 타고 내리는 것은 어렵지 않다. 불안하다면 창피해 하지 말고 리프트 직원에게 '초보자'라고 말해두면 도움을 받을 수 있다.

리프트 타는 방법

위에서 소개했던 대로 승차위치까지 간 다음에 폴 두 개를 한쪽 손으로 쥐고, 다른 쪽 손으로는 리프트 의자를 받쳐줄 준비를 한다. 리프트 의자가 다리에 부딪히면 아프기도 하고 몸의 균형이 무너지기도 쉽기 때문이다.

리프트 내리는 방법

내릴 곳이 가까워졌다면 스키의 앞부분을 살짝 올려서 내릴 준비를 하자. 내릴 곳에 다다르면 폴을 쥔 반대편 손으로 리프트 의자를 밀어서 몸을 일으켜 세우면 된다.

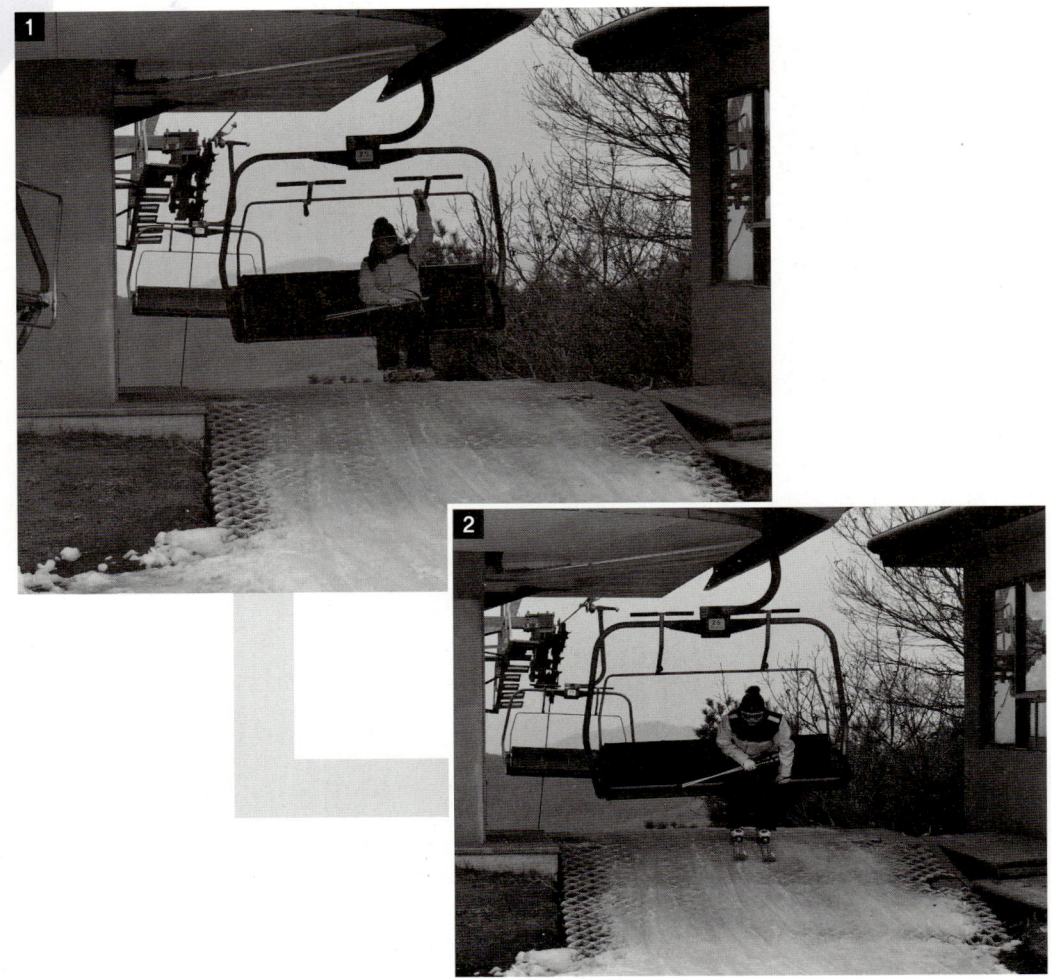

팁!!!

내릴 때 당황하지 말고 자연스럽게 엉덩이를 들고 몸의 중심을 앞으로 한 상태에서 일어서면 된다.

몸의 자세가 뒤로 빠지게 되면 균형을 잡을 수 없게 되므로 넘어질 수 있다. 또한 일어나는 동시에 스키를 A자로 만들면 옆 사람에게 피해를 주기도 하고 같이 넘어질 수 있다.

스키는 11자로 놓고 일어서서 내려오면 바로 평지에서 쉽게 스키를 멈출 수 있다.

또한, 옆에 동반자가 있을 경우에는 폴 끝을 뒤로 향하게 해야 한다.

스키의 기본 자세와 움직임을
머릿속으로 그려보는 방법

스키를 타고 내려가기 전에 배워둔 동작들을 확실하게 최종확인을 한다. 포인트는 발목을 사용하는 것과 스키를 제대로 움직이는 것이다.

리프트에서 내렸다면 드디어 스키장 슬로프를 데뷔하는 것이다. 그 전에 스키를 벗어서 최종 체크를 한다. 다리를 모으는 것, A자로 만드는 것, 스키 위의 포지션은 변함이 없어야 한다. 처음에는 자신도 모르는 사이에 몸의 중심이 뒤로 빠지는 경우(후경 자세)가 많다. 경사면을 타고 내려가면서 스키 위에서 흔들리지 않고 확실히 자세를 잡기 위해서는 발목이 중요하다. 발목이 펴져 있는 상태라면 자연스럽게 몸의 중심이 높은 곳에 잡혀서, 몸이 뒤로 빠질 수밖에 없다. 발목을 굽히는 것에 신경 쓰도록 하자.

다음은 스키를 신은 상태에서의 체크로 가장 기본적인 것은 몸과 스키의 방향이 언제나 같은 방향을 향하고 있어야 한다는 점이다. 그 기준은 A자 형태를 하고 있는 두 스키의 앞부분이 모아져 있는 것을 보면 알 수 있다. 스키 앞부분이 모이도록 연습해보자.

다리 자세가 달라도 몸의 포지션 자세는 동일하게 하는 방법

발목을 잘 사용하게 된다면 스키를 가지런히 한 자세에서든 A자로 만든 자세에서든, 몸의 포지션 위치는 똑같다.

스키를 신기 전 자세를 잡아본 후 스키를 신어보자.

스키의 앞부분을 똑같은 위치에 두는 방법

A자 모양으로 내려올 때 주의해야 하는 부분이, 스키 앞부분의 위치이다. 좌우의 위치가 엇갈려 있다면 몸이 비틀려 있다는 증거이므로 같은 위치를 유지하도록 한다.

스키를 신고 중심을 잡는 이미지 연습 방법

스키를 신고 엉덩이 부분이 뒤로 빠지지 않도록 주의한다.

Point

잘못된 후경 자세

 팁!!!

처음에는 되도록이면 에지를 세우지 않도록 한다.
스키의 에지를 세우게 되면 스키가 생각대로 움직이지 않기 때문에 주의한다. 양쪽 스키
의 중앙을 의식해야 한다.

'스키는 넘어지면서 배우는 것이다' 라고 하지만, 바르게 넘어지는 방법을 익혀두지 않으면 부상을 입게 된다.

스피드를 너무 내거나 몸의 균형이 무너진 경우에는 반드시 넘어지게 된다. 이때 주의 해야 하는 것은 경사면의 위쪽으로(산 쪽) 몸을 누이듯이 자세를 취해야 한다는 것이다. 경 사면의 아래쪽(산 아래쪽)으로 쓰러지게 되면 높이의 차이 때문에 일단 아프고, 스키웨어가 끌리기 때문에 멈추기도 어렵다. 그러므로 '넘어질 때는 산 쪽으로' 라는 것을 항상 머릿속 에 기억해 두도록 한다. 하지만 정작 넘어질 때는 그렇게 말처럼 되지 않는 경우도 있다, 스키가 얽히기라도 하면 일어나기가 무척 어려워진다. 몸이 밑쪽으로 쓰러진 상태라면 스 키를 들어서 몸의 상하 방향을 전환하도록 하자. 일어날 때는 폴을 이용하면 편리하다.

넘어졌을 때도 일어날 때도 중요한 것은 당황하거나 서두르지 않는 것이다. 넘어지는 방법을 연습하는 것도 매우 중요한 연습 중 하나임을 명심한다.

넘어지는 방법

넘어질 때는 몸을 산 쪽으로 눕힌다. 이렇게 하면 다칠 일도 많지 않고 일어나기도 쉽다. 상체가 밑으로 쓰러져 있는 상태라면 일어나는데 힘들다.

이런 상황에서는

상체가 산 아래쪽으로 쓰러져 있는 상태라면, 스키를 조금씩 움직여 머리가 산 쪽으로 향하게 하자. 스키가 자꾸 미끄러져 내려갈 수 있으므로 스키를 옆으로 두는 것이 포인트이다.

일어서는 방법

　일어설 때는 폴을 이용하자. 엉덩이 근처에 폴을 찔러 넣은 다음, 폴을 버팀목 삼아 몸을 일으켜 세우는 것이 편하다. 스키를 경사면(내려가는 면)에서 가로로 세우는 것도 중요하다.

이렇게 넘어지면 위험하다

엉덩이로 넘어지면 멈출 수도 없는데다가 미끄러져 내려가는 속도도 빨라진다.

이번에는 이것에서 탈출하는 방법을 소개하고자 한다.

속도가 너무 빨라서 컨트롤이 전혀 되지 않게 되면 엉덩이로 넘어지는 경우가 많다.

양스키 사이로 엉덩이가 빠지게 되면 멈출 수도 없고, 미끄러지는 속도도 점점 빨라지기 때문에 꽤 위험하다. 상황이 이 지경이 됐을 때는 일어나는 것 역시 만만치 않다. 이럴 경우에는 조금만 용기를 내서 몸을 조금 비틀어 보자.

스키 사이에서 엉덩이를 꺼내어 경사면에 몸 전체를 산 위쪽으로 자세를 취할 수 있다면 일단 멈추는 것이 가능하다.

넘어져서 미끄러지고 있는 순간에는 머릿속 기억도 사라지고 몸도 움직일 수 없을 것이다. 그래도 몸을 비틀어 '산 위쪽으로 놓는다'라고 머릿속에 확실히 기억해두는 경우와 아닌 경우는 크게 다르다. 더군다나 누군가와 부딪히거나 코스에서 벗어나 나무에 충돌해서 다치기라도 하면, 스키에 흥미마저 잃게 될 것이다. 초보자의 경우 이런 식으로 넘어지기 쉽기 때문에 특히 주의하도록 한다.

멈추지 않는 경우에는 옆을 향해야 한다

'멈추지 않는 경우에는 몸을 비틀어 상체를 산 쪽 방향으로 둔다'를 확실히 기억해두자. 비틀 때는 손을 잘 사용하면 간단하다. 몸을 비틀어서 옆을 바라보게 되었다면, 이젠 미끄러지는 것이 자연스럽게 멈추기만을 기다리면 된다.

체력이나 힘 쪽으로 자신이 있는 남성이라 할지라도 스키가 가속하고 있는 중에 넘어지게 되면, 다시 일어나는 것은 불가능하다. '멈출 수 없게 되었다면 몸을 비틀어 산 위쪽으로 방향을 놓는다'를 스키 타기 전에 확실히 기억해두자.

스키 사이에 엉덩이가 놓이게 되면 멈출 수가 없다

초보자의 경우 최소한 한 번 정도는 경험하게 되는 경우다. 제어불능이 되어 멈출 수 없게 되었을 경우의 대처하는 방법과 탈출 방법을 익혀 두도록 한다.

Point
양팔을 공중으로 치켜들고 한 방향으로 쓰러뜨려서 몸을 비튼다.

13 경사면에서 스키를 신는 방법

넘어져서 스키가 떨어져 버리는 경우도 있다. 몸을 크게 다칠 수 있는 수준의 충격이 가해지게 되면 스키의 바인딩이 자동 분리되도록 설계되어 있기 때문이다. 하지만 일단 그 정도 수준으로 넘어지게 되었을 경우에는, 자신의 몸에 이상이 없는지부터 체크하도록 한다.

어딘가가 아프거나 움직일 수 없는 경우에는 주변 사람들에게 패트롤을 불러달라고 부탁을 한다. 몸에 이상이 없는 경우에는 가능한 스키 코스의 가장자리로 물러나서 스키를 신는다.

경사면에서 벗겨진 스키를 다시 신기 위해서는 요령이 필요하다. 우선은 스키를 자신보다 조금 높은 위치에 두고, 스키는 평평하게 해서 움직이지 않도록 해야 한다. 이때 가장 중요한 것은 당황하지 않는 것이다.

스키가 움직이지 않도록 하자

스키를 자신보다 높은 쪽에 둔다. 그리고 산 쪽 방향의 에지를 눈 속에 찔러 넣듯이 해서 스키를 확실히 고정시키는 것이다. 경사면과 평행하게 스키를 두게 되면, 신으려고 할 때 부츠가 잘 벗겨나가기 쉽기 때문에 주의한다.

○ 좋은 예   × 나쁜 예

급경사에서 스키를 신는 방법

급경사에서는 자신보다 낮은 위치에 있는 스키를 신는 것이 의외로 어렵다. 때문에 스키는 산 쪽으로 두고서 신는 것이 좋다. 산 쪽에 있는 발에 스키를 장착시켰다면, 남은 스키를 들고서 반대쪽으로 돈 다음에 들고 있는 스키를 다시 산 쪽에 놓도록 한다. 그 다음 나머지 발도 스키를 신는 것이 좋다. 급할수록 돌아가야 한다는 것은 바로 이런 것을 두고 하는 말이다.

14 스타트 준비(방향 전환)

스키를 타고 나아가기 전에 일단 자세부터 확실히 해두자. 아직 제대로 미끄러져 내려갈 자신이 없는 단계라면, 시작하기 전에 확실히 자세를 잡아두고 나가는 것이 좋다.

여기서도 중요한 것은 역시 폴. 폴을 앞쪽으로 찔러 넣어서 스키가 멋대로 미끄러져 나가지 않도록 지탱시킨다. 발의 힘만으로 미끄러져 나가는 것을 멈추려고 하면 몸이 뒤로 기울어져 버리는데, 이 상태에서 스키를 타게 되면 몸의 중심을 다시 되돌려 놓는 것이 불가능하다. 그러므로 서두르지 말고 폴로 지탱하면서 방향을 바꾸도록 한다. 그리고 스키를 타고 나가기 전에 발바닥의 느낌이나 몸의 자세를 완벽하게 확인하고 나서 출발한다. 경사가 급한 경우에는 무리해서 일직선(폴라인)상으로 내려갈 필요 없이, 비스듬(사활강)하게 내려가도 된다.

팁!!!

시작하기 전에 방향을 바꾸는 방법
스타트 준비로 방향을 바꾸고자 할 때는 일단 폴로 내려가는 쪽을 찔러두자. 양쪽 폴로 몸을 지탱하면서 스키가 A자가 되도록 다리 자세를 만들자. 발바닥의 감각이 느껴지는 자세에서 출발하는 것이 포인트다.

미끄러져 나가기 전의 자세

정면 향하기 (완경사에서)

비스듬히 향하기 (급경사에서)

Point

미끄러져 나가기 전의 자세에서 먼저, 앞쪽에 폴을 찔러두고, 자세를 잡은 후 미끄러져 내려가 보자.

15 플루크 스탠스로 직활강 & 턴하기

처음에 내려갈 경사면은 완경사에서 시작하자. 폴로 밀어주지 않고서는 안 나갈 정도의 경사도에서 한다.

가장 중요한 것은 스키를 타고 끝까지 내려가는 것이 아니라, 스키를 타고 미끄러져 내려간다는 것이 어떤 느낌인지 깨닫는 것이다. 그 느낌을 알게 되면 어떤 경사면이라도 타고 내려가는 것이 가능해질 것이다. 일단은 A자 자세를 확실히 유지하는 것이 목표다. 이것이 가능해지면 방향을 바꾸는 것(방향전환)도 어렵지 않을 것이다. 스피드는 너무 빠르지 않아야 한다는 점을 잊지 말자. 처음에는 무엇이든지 조금 부족하다는 느낌으로 가는 것이 좋다.

직활강(플루크 스탠스)

처음에는 A자 모양으로 똑바로 내려가 보자. 스키의 양 끝부분이 따로따로 흩어지지 않도록 주의해야 한다.

턴(플루크 스탠스)

　A자 모양으로 내려가는 것에 익숙해졌다면, 다음은 턴하는 것에 도전한다. 몸과 바깥 스키를(턴하는 방향의 바깥쪽) 돌리고 싶은 방향으로 돌리면 된다. 이것은 생각보다 간단할 것이다.

Point
저절로 멈출 때까지 턴 해보자.

초보자의 플루크보겐

A자로 방향을 바꾸는 것에 익숙해졌다면, 다음은 턴을 연속으로 해보자.

A자 자세를 유지하기 위해서는 발의 안쪽 근육을 의식해서, 스키의 인에지(안쪽 모서리)가 서도록 해야 한다. 그렇게 A자 모양을 유지하는 것이 가능해졌다면, 몸의 방향과 바깥쪽 스키의 방향을 원하는 쪽으로 돌리기만 하면 턴이 될 것이다. 폴을 쥐고 있는 손의 방향이 바깥쪽 스키의 움직임에 맞추어 준다고 생각하면 좀 더 쉬울 것이다. 이것들을 명심하고서 연속해서 턴을 해보자.

미끄러지는 속도는 A자를 유지하고 있는 다리폭으로 조절이 가능하다. 다만 다리 사이의 폭이 넓어질수록 몸의 중심은 뒤로 빠지게 되고, 바깥쪽 스키는 움직이기 힘들어진다. 몸이 빠지지 않도록 스피드가 잘 나지 않는 낮은 경사면에서 연습하도록 한다.

업다운 없는 플루크보겐(pflugbogen)

돌리고 싶은 방향으로 바깥쪽 스키의 앞부분을 움직여보자. 이때 턴하는 방향의 바깥쪽에 있는 손과 발을 일치시키는 것이 포인트다. 발의 움직임보다 팔의 동작이 크지 않도록 주의한다.

업다운 있는 플루크보겐

턴하는 동작을 조금 더 쉽게 하기 위해서는 돌아가는 바깥 발 쪽으로 어깨를 기울여 보자. 조금 더 편하게 턴이 이루어지면서 스키가 돌아갈 것이다.

팁!!!

스키가 미끄러질 때 턴을 시작하는 부분에서 초보자들이 많이 실수하는 부분은 몸이 후경
자세가 된다는 점이다. 경사도가 무서워서 그럴 경우도 있고 몸이 뒤로 가야지 턴이 된다
고 생각하는 사람도 있을 것이다. 하지만 제일 중요한 자세는 몸이 뒤로 빠지게 되면(후경
자세) 턴이 즉 다리가 자연스럽게 돌아가지 않는다.
꼭 명심해야 할 것은 턴이 시작하는 부분(폴라인)에서는 몸을 약간 앞으로 한다는 느낌으
로 턴을 시작해보자.

패러랠 스탠스로 시작해서 플루크 스탠스로 정지하기

A자 모양으로 연속해서 턴하는 것이 가능해졌다면, 이번엔 스키를 가지런히 해서 11자로 (패러랠) 턴하는 연습을 해보자.

다리를 너무 딱 붙이고 있으면 움직이기 힘들게 되므로, 어깨너비 정도의 폭을 기준 삼아 다리를 넓히고 경사면을 내려가보자. 다음은 바깥 스키를 움직여서 A자 상태를 유지한 채로 산돌기의 턴을 해보자. 턴하는 중에 스키의 방향이 경사면 밑이 아니라 옆을 향하게 되는 것이 중요하다. 스키가 분명하게 산 쪽을 향하게 될 때까지 바깥 스키를 움직이도록 한다. 스키가 산 쪽을 향하게 되면 자연스럽게 움직임이 멈출 것이다.

직활강에서 A자 스탠스로 산돌기(패러랠에서 플루크 스탠스로)

양발의 균형이 중요하다. 바깥 발을 움직이기 위해서 안쪽 발을 축으로 삼는 것이 포인트이다. 바깥 발을 움직일 수 있도록 A자를 만들자.

Point

바깥 발을 움직여서 턴한다.

레슨 18 패러랠 스탠스(11자)에서 슈템(A자)으로 정지하기

패러랠(parallel) 상태에서 A자 모양으로, 마지막에는 다시 패러랠, 슈템(stemm) 동작으로 몸의 중심을 부드럽게 이동시킬 수 있다.

패러랠 스탠스(11자)에서 스키를 넓혀 A자를 만든 다음에 턴, 그리고 마지막에 다시 패러랠 스탠스(11자)로 돌아오는 것이 슈템 동작이다. 여기서 중요한 것은 몸의 중심 이동이다. 바깥 발에 체중을 싣고 있으면 턴이 끝날 즈음해서 발이 자연스럽게 가지런하게 된다. 바깥 발이 다음 턴에서는 안쪽 발이 된다는 것을 의식하자. 어느 한쪽 발에만 몸의 중심을 싣게 되면 자연스러운 움직임이 나오지 않는다. 잘 되지 않을 때야말로 몸의 중심 이동을 체크한다.

슈템 동작으로 산돌기

안쪽 발을 축으로 삼아 바깥 발을 움직이고, 움직인 바깥 발에서 중심을 이동시키면서 안쪽 발을 가지런히 해 작은 턴으로 정지한다. 몸의 중심이 이동하는 느낌을 깨닫도록 한다.

Point
바깥 발에 실린 몸의 중심을
이동시키는 느낌으로 두 발을
가지런히 하자.

다리를 넓혀서 돌고, 가지런히 한다. 리듬 있게 연속해서 턴을 해보자. 바깥 발을 얼마만큼이나 자유롭게 다룰 수 있는가가 포인트이다.

슈템 동작의 산돌기 턴을 통해 안쪽 발에서 바깥 발로 몸의 중심이 이동하는 것에 감각을 잡았다면, 연속해서 턴을 해보도록 하자. 슈템 동작을 연속시키기 위해 가장 먼저 확인해야 할 사항은 좌우의 중심이동이다. 안쪽 발을 축으로 해서 바깥 스키를 부드럽게 움직여 A자로 만드는 것이 턴 전반의 포인트이며, 턴의 후반에서는 움직이고 있는 바깥 스키에 몸의 중심을 실어서 계속 진행한다. 그리고 이 바깥 발이 다음 턴의 안쪽 발이 되는 것이다. 슈템동작이 이곳에서 나온다. 본래의 바깥 발이 안쪽 발로 바뀌는 것을 통해, 다음 턴의 바깥 발을 자유자재로 움직일 수 있을 것이다. 턴의 후반, 바깥 발의 중심을 이동시키지 못하고 안쪽 발에 몸의 중심이 남아있게 되면 매끄럽게 턴하기가 어려우므로 주의하도록 한다.

한쪽 다리로 중심이 이동되고 다른 쪽 다리로 중심이 이동되듯이 모든 중심이 좌우로 움직인다고 생각하면 된다.

A1. 슈템 동작 응용 - 양팔을 좌우로 이동하기

A자형으로 내려가면서(폴라인) 몸의 기울기를 통해 인위적이 아닌 자연적인 턴을 유도한다.

경사면이 어느 정도 있는 경우 초보자에게는 슈템턴(stemm turn) 동작이 어려울 것이다.

또한 초보자이기 때문에 하반신(다리) 이용을 못하게 된다. 그러므로 상반신을 이용해서 초보자에게 스키 턴을 쉽게 하는 방법을 알아보자.

몇 가지 응용 동작을 통해서 자연스러운 턴을 느낄 수 있게 될 것이다.

양팔 좌우로 이동 1

비행기 양팔하고 한쪽 무릎잡기 2

Point 1

턴이 잘 안되는 사람은 턴을 의식하지 않고 좌우의 무게 중심을 이용, 그냥 돌아가는 느낌을 가질 수 있도록 하는 것이 포인트이다.

비행기 양팔하고 무릎잡기 3

Point 2

손을 턴이 도는 방향의 무릎
으로 이동하여 자연스런 턴을
유도한다.

슈템턴이 익숙해진 후 경사면에서 연습하기

스키를 가지런히 한 상태에서 옆으로 세우는 동작을 연속해서 시도해보자. 한 동작 한 동작 소홀히 하지 말고 확실하게 해야 한다.

상하운동을 사용해서

경사면을 일직선으로 내려갈 때도 상하운동을 이용해보자. 스키를 옆으로 세우고 나서는 완전히 멈출 때까지 기다린다.

낮은 경사면에서 슈템턴이 자연스럽게 옆으로 서는 것과 멈추는 것이 가능해졌다면, 이번엔 그 동작을 연속해서 해보자. 경사면이 있는 슬로프에서는 옆으로 세웠을 때 일단 완전하게 멈출 때까지 기다리는 것이 중요하다. 움직임이 연속된다는 것을 의식하고 있으면 하나하나의 동작들이 어려워지면서, 속도가 생각한 것보다 더 빨라질 수도 있다. 턴을 한 번 끝내고 나서 확실히 멈춘 다음에 다음 턴을 시작하도록 하자. 초보자뿐만 아니라 스키

팁!!!

처음에는 조금 앞으로 타는 자세(전경 자세)를 취하는 것이 편할 것이다. 스키 앞부분에 쉽게 힘을 전달할 수 있기 때문에 스키 뒷부분을 움직이기가 편해진다.

를 타는 그 어느 누구라도, 턴을 할 때는 오른쪽이 좀 더 익숙한 사람과 왼쪽이 좀 더 익숙한 사람으로 나뉘게 된다. 익숙하지 않은 방향으로 턴을 할 때는 몸이 생각한대로 움직일 수 있도록 조금 더 주의를 기울이도록 한다. 익숙하지 않은 방향의 턴 연습을 계속 반복하다 보면, 언젠가는 익숙해지게 될 것이다.

플루그턴하다가 패러렐턴

패러렐턴이 어려워서 턴이 이루어지지 않으면 플루그턴으로 먼저 몇 번 시도하다가 패러렐턴으로 들어가 보자. 패러렐턴을 부드럽게 들어갈 수 있는 방법이다.

팁!!!

초보자의 패러랠(parallel)턴
폴을 이용해서 스키를 탈 수 있다면 몸의 중심 이동이 확실히 되는 것이다, 발을 가지런히 (11자) 모으는 것도 어렵지 않을 것이며, 자신도 의식하지 못하는 사이에 자연스럽게 발이 모아질 것이다.

폴을 찔러서 턴하기

스키 타는 리듬을 형성하는데 중요한 폴을 이용해 눈 위에 찔러 턴을 해보도록 하자.

상하운동을 사용해서 하기

턴이 끝날 즈음 폴을 확실히 뻗어주자. 폴을 찌르는 타이밍에 몸을 펴주면서 스키를 돌리는 것이 요령이다.

폴을 눈 위에 찌르는 동작은 스키 타는 리듬을 형성하기 때문에 대단히 중요하다.

일어서는(up) 동작과 함께 팔을 앞으로 보내서 산 아래쪽 방향에 폴을 찍은 다음, 다음 턴(폴라인)에 들어가면서 몸을 낮추는(down) 동작을 통해서 스키의 턴 계기를 쉽게 만들어 줄 수 있기 때문이다. 그리고 폴로 찍은 반대편의 손과 발을 움직이게 되면, 반달 모양의 호를 그리듯이 스키가 돌아가게 될 것이다.

항상 팔은 눈에 보일 수 있게 앞에 두어야, 하며 어깨나 상체에는 힘을 빼고 팔만 자연스럽게 들면 된다.

팁!!!

폴을 다음 턴의 안쪽에 확실히 찔러 넣는 것으로 몸의 방향은 좀 더 쉽게 낮은 곳을 향할 수 있게 된다. 타이밍에 다음 턴의 바깥 발과 손을 바로 돌려주면 간단하게 턴할 수 있다.

Point

찌른 폴로 지탱하면서, 반대
쪽 손과 스키를 앞으로 보내
야 한다.

22 사활강(옆으로 가기)

경사면을 비스듬한 방향으로 내려가는 것이 사활강이다. 우선 처음 시작하는 사활강은 A 자 자세로 경사면을 내려가게 되면 산 아래쪽의 발(바깥 발)에 체중이 실리기 쉽다. 그 상태에서 필요 이상으로 바깥 발에 체중을 싣게 되면 안쪽 에지가 서 버려서 생각한 것 이상으로 속도가 나므로, 가려고 생각했던 방향으로는 가지 못하고 엉뚱한 곳으로 가게 될지도 모른다. 그러므로 가고 싶은 방향으로 몸이 확실히 향하게 하고, 바깥 스키는 되도록이면 지면과 평평한 상태를 유지할 수 있도록 한다. 바깥 스키의 안쪽 에지를 너무 세우지 않으면서 자신이 가고자 하는 방향으로 스키를 움직이는 방법을 연습에서 익혀두어야 한다. 되도록이면 완만한 경사에서 시도해보도록 하자.

밸런스를 유지하는 것이 어렵겠지만 스키의 엇갈림을 잘 조정해서 사활강을 시도해보자. 너무 어렵다면 A자 자세에서 시작해 점점 다리 사이를 좁혀가는 것도 한 방법이다. 내려가고 싶은 방향으로 몸을 향하게 하는 것도 포인트로 몸이 향하고 있는 방향으로 스키가 나아가도록 감각을 잡아야 한다.

양발의 균등한 밸런스 감각이 필요하다

스키의 좌우에서 균형이 한쪽으로 기울어지게 되면 에지가 서 버리기 때문에 비스듬하게 나아가는 것이 불가능해진다. 사활강이 가능하도록 양발에 균등한 밸런스가 유지되어야 한다. 처음에는 A자로 시작해서 점점 다리 사이의 폭을 좁혀가는 것도 괜찮다.

엇갈림을 이용한 사활강하기

에지를 세우지 않은 상태에서 엇갈리듯이 나아갈 수 있도록 신경 써야 한다. 가고 싶은 방향으로 몸을 돌려서, 그 방향으로 몸의 중심을 이동시키는 것은 사실 꽤 어려운 기술이다. 금방 되지 않는다고 해서 포기하지 말자.

천천히 사활강하기

급경사에서는 경사 간의 높이 차를 신경 쓰지 않으면 스키 날이 서게 되어 잘 나아가지도 못하게 될뿐더러, 몸의 중심도 뒤로 기울게 된다. 이런 경우에는 바깥 스키에 몸을 의지하도록 한다. 이렇게 하면 스키 날도 잘 서지 않게 할 수 있는 동시에 한쪽 스키를 비틀기가 쉬워진다.

Point **1**

스키를 너무 꾹 밟지 않도록 주의한다.

Point **2**

시선은 진행방향을, 아니면 되도록 내려가는 방향을 볼 수 있도록 한다.

레슨 23

슈템 기르란데로 폴라인에서 떨어질 때 up 감각과 down 감각 익히기

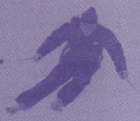

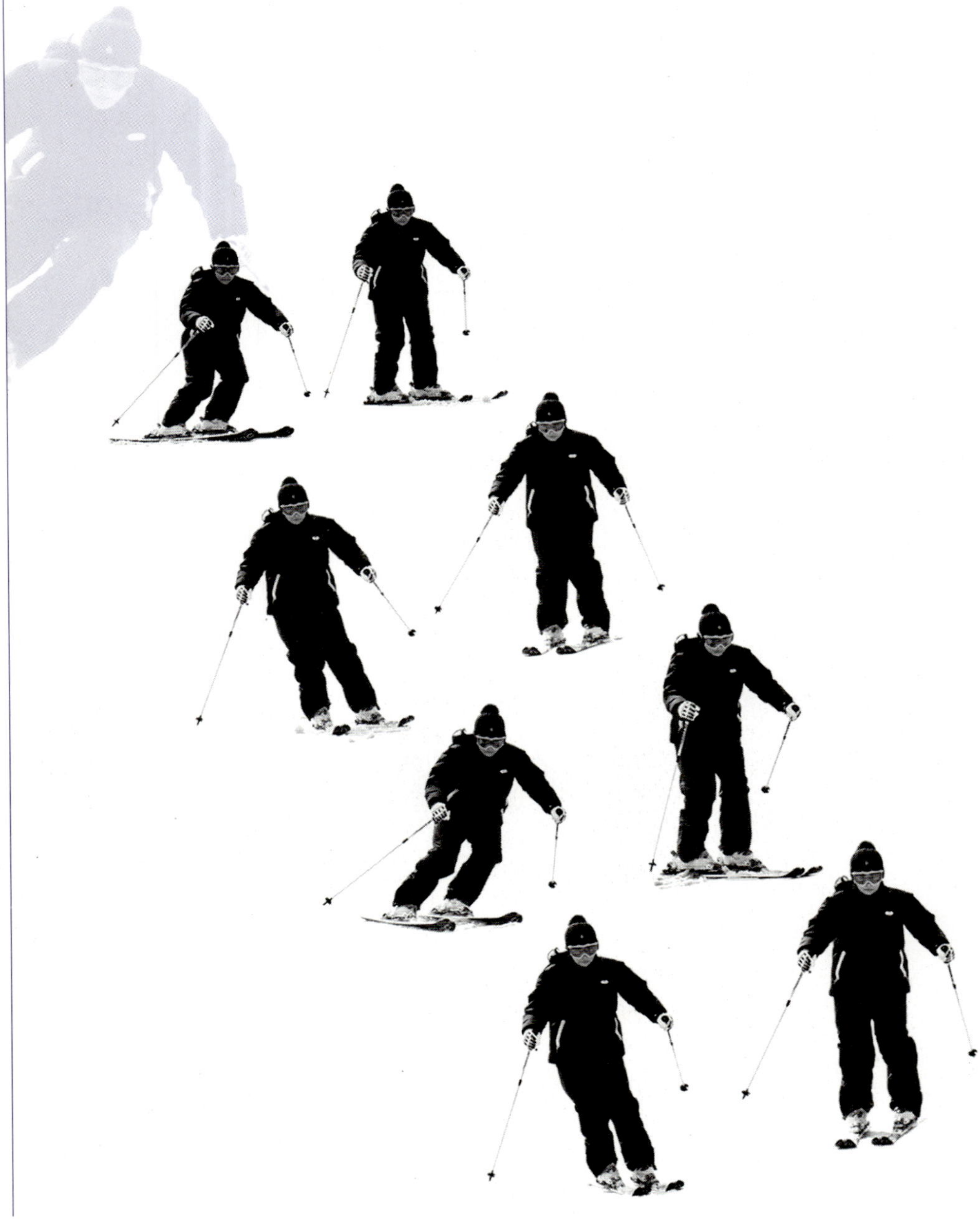

기르란데

　일직선으로 내려가는 것이 무섭다면 비스듬하게 내려가도록 한다. 스키를 옆으로 세운 상태에서 시작하여. 아래로 내려가기, 옆으로 내려가기와 커브 동작을 연결시켜보도록 하자. 앉았다가 일어나기(up down) 동작을 하면 더욱 쉽게 연습이 가능하다.

24 옆으로 미끄러져 내려가기
[사이드 슬립 슬라이드]

급경사에서 유용하게 쓸 수 있는 동작이다. 스키를 옆으로 세운 채로 내려가면 된다. 할 수 있게 되면 편리하게 활용할 수 있을 것이다.

급경사나 눈이 얼어버린 얼음판 위에서 유용한 것이 옆으로 내려가는 것이다. 스키를 옆으로 해서 내려가는 것뿐이지만, 이것을 연습해두면 나중에 굉장히 편리해진다. 에지를 세워 멈춰가면서 천천히 내려가보자. 이 동작을 능숙하게 해내는 비결은 몸의 중심을 잘 조정하는 것이다. 하반신만으로 해내려고 해서는 절대 안 된다. 자칫하다간 에지만 지나치게 세워서 위험한 상황에 처할 수 있기 때문이다. 높은 자세에서 양쪽 스키에 신경 쓰며 중심 이동을 하도록 한다. 옆으로 내려오는 동작에 능숙해지면 급경사에서의 자세가 굉장히 좋아지고 스키를 다루는 실력도 더욱 더 좋아지기 때문에, 턴의 컨트롤도 한층 더 쉬워진다. 그리고 무엇보다도 급경사를 내려올 수 있게 되는 것이 가장 큰 이점이라 할 수 있다.

팁!!!

초보의 패러랠턴
폴을 이용해서 스키를 탈 수 있다면 몸의 중심 이동이 확실히 되기 때문에, 발을 가지런히 모으는 것도 어렵지 않을 것이다. 자신도 의식하지 못하는 사이에 자연스럽게 발이 모아질 것이다.

옆으로 미끄러지기

스키를 평행하게 세워서 잘 사용하는 것이 포인트이다. 먼저 몸을 아래쪽 스키에 실리게 해 미끄러지면서, 위쪽 스키도 약간씩 힘이 실리도록 하며 감각을 잡아 미끄러져 보자.

Point

에지를 세우지 않는다.
스키가 미끄러진다.
스키를 움직이기 쉬워진다.

팁!!!

미끄러짐을 조절하는 에지 사용 방법
에지의 각도를 조절하는 것은 오직 몸의 중심이동만으로 한다. 발만 신경 써서 조절하려고 하면 에지가 너무 서 버리기 때문에 미끄러져 내려가기 힘들어지고, 몸도 뒤로 기울어지는 꼴이 되기 때문에 좋지 않다.

패러랠 스탠스(11자)로 사활강 & 기르란데

Point

> 폴을 잘 이용해서 균형을 잡도록 하자.

패러랠 스탠스로 사활강하기

패러랠 스탠스의 좋은 점은 다리를 굽혔다 폈다 하는 것이 간단하다는 점이다. 하지만 무리해서 다리를 굽히려고 하면 몸이 뒤로 기울기(후경 자세) 때문에 안 된다. 가능한 자세를 높게 유지하면서, 산 밑에 있는 바깥쪽 스키의 다리부분으로 느낄 수 있어야 한다.

한쪽 발만 A자를 유지한 상태에서 사활강을 할 수 있게 되었다면, 다리를 가지런히 해서 패러랠 스탠스를 취해도 같은 동작이 가능할 것이다. 동작은 거의 동일하다. 패러랠 스탠스로 내려갈 때의 요령은, 스탠스를 11자로 한 다음 엉덩이를 바깥쪽의 스키 위에 곧장 실어주는 것이다. 이렇게 하면 몸의 중심이 자연스럽게 바깥쪽으로 실리기 때문에 한쪽 스키를 비틀기 쉽고, 몸이 쉽게 뒤로 기울어지지 않게 된다. 자세는 되도록 높게 잡히도톡 한다. 높게 잡지 않으면 다리를 구부렸다 폈다 하는 동작이 힘들어진다. 사활강이 가능해졌다면 이번엔 기르란데에 도전해보자. 경사면을 비스듬하게 내려가면서 작게 도는 동작(턴)이 들어가는 것이 기르란데다. 동작에 능숙해지면 턴 동작이 자연스럽게 될 것이다.

팁!!!

다리의 동작을 다루기 쉬운 것은 패러랠 스탠스이다.

텁!!!

에지를 최대한 세우지 말고 스키를 움직이자.
스피드를 컨트롤 하겠다는 생각으로 에지를 세우게 되면, 사활강 편에서 말했듯이 제어불
능이 되버린다.

사활강으로 가다가 한 턴하기와 일직선으로 가다가 한 턴 연습하기

패러렐 턴으로 들어가기 전 초보자들이 제일 많이 실수하는 부분은 폴라인을 내려갈 때 몸이 뒤로 빠지면서 겁부터 내는 것이다.

스키의 턴에서 가장 중요한 부분은 턴의 호. 턴의 호는 반달 모양의 달을 생각하면 된다. 반달 모양를 크게 하면 롱턴(크게 돌기), 반달모양이 중간으로 하면 미들턴(중간돌기), 반달 모양을 작게 하면 숏턴(작게 돌기)이라는 것을 머릿속에 기억해 두자.

슬로프 전체를 다 사용해서 이쪽저쪽 왔다갔다 하면서 내려가는 방법은 옳은 방법이 아니다.

우선 폴라인 경사면의 실수를 줄이기 위해서 여러 턴이 아닌 한 턴으로 연습을 해보자.

한 턴으로 하는 이유는 스키턴의 호를 기억하라는 이유도 있다.

사활강으로 가다가 한 턴하기

턴의 호 반달 모양을 기억하면서 사활강으로 가다가 폴라인에서 스키를 11자로 풀고 턴으로 들어가면서 다음은 반원으로 마무리 한다. 이때 꼭 명심해야 할 것은 바깥스키에 체중을 줘야 한다는 것이다. 슬립을 하면서 스키가 멈출 때까지 다운으로 마무리, 스키가 옆으로 가서 서는 상태로 반달 모양을 마무리 한다.

11자로 서서 일직선으로 내려가다가 한 턴하기

사활강으로 한 턴이 되었다면 폴라인에서 선 상태에서 일직선으로 내려가다가 한 턴을 만든다. 11자로 서서 폴라인을 내려가다가 천천히 앉으면서(다운) 반달모양의 턴을 마무리한다. 주의할 점은 상체를 안쪽으로 기울이지 말고, 바깥스키에 체중이 들어가게 해야 한다. 바깥쪽 방향을 본다는 느낌으로 턴을 마무리 해보자.

되도록 넓은 곳에서 시도해보자. 처음 시도할 때는 스키가 멈출 때까지 움직이기가 어려우므로 조심해야 한다. 바깥 발에 확실하게 힘을 유지해야 한다. 연습을 계속해서 능숙해지게 되면 자연스럽게 되므로 너무 조급하게 생각하지 않아도 된다.

제4장에서는 카빙 스키로 가기 위해서
여러 가지 응용방법에 대해 알아보자.

인생이란, 하얀 백지 위에 자신의 생각대로 그려낸 삶의 모습이라고 한다. 스키를 시작했다면 하얀 눈 위에 자신의 생각대로 멋지게 그려보자. 스키를 통해 스피드를 즐겨 보자. 한 번 빠지면 헤어 나올 수 없는 매력에 빠지는 스키의 세계로 한 번 들어가 보자.

이번 장에서는 스키를 더욱 더 재미있게 즐길 수 있는 방법들을 소개한다. 혹시 지금 실력으로는 할 수 없는 것이 있더라도 앞으로의 즐거움으로 남겨둘 수 있도록 스키의 또 다른 가능성을 살펴볼 수 있었으면 하는 바람이다.
여기서 소개되는 방법들은 스키 상급자가 되기 위한 연습방법과 응용동작들이다.

제 4 장

더욱 더 스키를
즐겁게!

01 양폴을 슬로프에 닿게 연습하기

패러렐으로 들어가기 응용방법

스키를 잘 타는 것은 자세에서부터 결정된다. 자세가 올바르게 잡혀있지 않다면 스키를 잘 탈 수 없다.

올바른 기본 자세라 함은 어깨너비 정도의 스탠스로 서서 골반을 세우고 상반신을 릴렉스하게 놔두는 것을 말한다. 카빙 스키의 경우 상반신이 안정된 상태에서 하반신을 자유자재로 다루는 것이 중요하기 때문이다. 스탠스를 어깨너비 정도로 벌려두면 턴할 때 몸이 기울어져 있더라도 바깥 발이 안쪽으로 방해하지 않고 움직일 수 있다. 양발로 컨트롤하는 카빙 스키에서는 양발이 서로를 간섭하지 않도록 스탠스를 만드는 것이 기본이다.

양손으로 넓게 잡은 폴을 눈 위에 끌고 내려오면서 스키를 타보자

폴이 항상 눈 위에 닿은 채로 있도록 하여, 눈과 어깨의 라인을 평행하게 유지하는 것이 중요하다. 턴을 시작할 때 몸을 폴라인(fall line)쪽으로 움직이겠다고 너무 의식하면 몸이 안쪽으로 쓰러지거나 자세가 무너져 폴이 눈 위에서 떨어지게 되므로 주의한다. 턴을 상체로 무리하게 하려고 해서는 안 되고, 스키가 자연스럽게 움직일 때까지 기다린다는 생각을 가지고 연습해보자. 스스로 자신의 자세를 체크할 수 있는 효과적인 연습방법으로, 특히 턴의 전반부에 자세가 불안하다고 느끼는 스키어의 경우에는 훈련을 반복하는 것이 좋다.

팁!!!

폴을 끄는 것에 너무 의식한 나머지 자세를 낮게 잡지 않도록 한다.
상체를 기울여서 턴을 하려고 하면 몸 자체가 안쪽으로 쓰러진다.

02 바깥 스키 하나로 균형 잡고 나아가기

산 쪽 스키 들고 패러렐턴 연습하기

바깥 스키 하나로 균형을 잡고 안쪽 스키는 들어 올린 상태에서 스키를 타고 내려간다. 밸런스를 유지하기 위해 자세를 낮게 잡고, 부드럽게 상하동작을 해서 턴을 그려야 하며, 몸이 안쪽으로 너무 기울지 않도록 주의한다. 그리고 부츠의 앞부분에 정강이가 눌릴 정도로 기울어지면, 스키의 앞부분에 하중이 지나치게 실려서 뒷부분이 미끄려질 수가 있으므로. 날렵하게 카빙턴을 해내기 위해서는 부츠의 발바닥 부분을 이용하여 스키 전체에 하중을 싣는 느낌으로 해야 한다.

팁!!!

앞으로 기울려고 하는 생각을 조금만 억누르고 발바닥 전체를 통해 스키에 하중을 실으면, 더 날렵한 턴을 할 수 있게 된다.

03

한쪽 폴은 어깨에 두고
한쪽 폴은 슬로프에 끌면서 내려오는 연습하기

양폴을 끌고 내려오는 연습방법 1과 안쪽 스키를 들어 올리는 연습방법 2를 생각하면, 적절한 동작을 해내는 것과 확실하게 바깥 발에 하중을 싣는 것이 가능해지며, 밸런스 능력을 키우는 효과도 있다.

상체가 먼저 산 쪽 방향으로 기우는 경우에는 폴을 산 아래쪽으로 끌면서 내려오기가 힘들어진다. 그리고 자세가 뒤로 기울어지게 되면 스키를 컨트롤 할 수 없게 되므로 주의해야 한다. 꽤 난이도가 높은 연습방법이므로 연습이 잘 안된다고 포기하지 말고 여러 가지 다른 응용동작을 연습하면서 자세가 익숙해진 후에 다시 시도해보는 것도 좋다.

팁!!!

폴라인에서 폴의 방향이 틀려 반대로 할 수 있으므로 신경을 써야 한다. 상체가 안쪽으로 기울어져서 턴하는 것이 아니라 상체가 산 아래쪽으로부터 턴이 들어가는 것이다. 즉 눈으로부터의 힘과 몸의 중심, 둘 사이에 균형을 맞추는 것이 대단히 중요하다.

04 몸을 웅크리고서 무릎 사이에 주먹을 넣고 연습하기

스탠스를 넉넉히 잡고 몸을 웅크린다(크라우칭 자세, crouching).

스탠스의 폭은 양 주먹이 무릎 사이에 들어갈 수 있는 정도여야 한다. 직활강으로 시작해서 스피드가 붙기 시작하면 양 무릎을 굽히고 스키 날을 세워 카빙턴을 해보자. 상반신을 세우면 자세가 뒤로 기울게 되어 턴의 초반부에 힘(저항)을 받아들일 수 없게 되므로 주의해야 한다. 스키 날을 세우는 정도에 따라서 힘(저항)이 변화하는 것과 양 스키의 인에지(in-edge)를 이용해서 미끌어지지 않도록 턴의 호를 그리는 것에 익숙해져야 한다.

포인트!!!

어깨, 허리, 무릎이 너무 앞으로 나와 있으면, 힘(저항)을 충분히 받아들이지 못하게 되어 몸을 비트는 것으로 밸런스를 잡으려고 하게 된다. 턴 초반부에서 양 스키로 힘을 확실히 받아들일 수 있는 자세를 취할 수 있어야 한다.

05 폴을 앞에 잡고 가슴 앞으로 쭉 뻗은 상태에서 연습하기

롱턴 연습, 미들턴 연습, 숏턴 연습을 할 수 있다. 모든 턴 동작이 잘 이루어지지 않는다고 느낄 때는 폴을 앞에서 잡고 가슴 앞으로 쭉 뻗은 상태에서 턴 연습을 해보자.

폴을 앞에 잡고 턴하는 연습은 롱턴부터 미들턴, 숏턴까지 응용방법이 있으며 스키에서 많이 활용하고 있는 연습방법이다.

스탠스 좁혀타기

스키에서 중요한 부분은 상체를 잡아주는 역할이다. 롱턴, 미들턴, 숏턴에서 폴을 앞에 잡고 연습할 때에는 내려가고 있는 방향 어딘가에 목표물을 하나 정해둔 다음에 목표물과 폴, 자신의 몸이 항상 함께 고정되어 있다는 생각을 가지고 턴 동작을 해야 한다.

스탠스 넓혀타기

가슴 앞으로 쭉 뻗어둔 폴을 턴의 후반 즈음에 끌어당기고, 다시 방향전환이 되는 타이밍에 맞추어 쭉 뻗어준다.

팁!!!

상반신은 폴라인을 유지하며 목표물과 폴, 자신이 함께 고정되어 있다는 느낌으로 시선에 항상 폴이 들어와 있는 상태에서 폴 너머에 있는 슬로프 아래의 한 곳을 지정해서 목표물을 만들고 그 곳을 보고 있어야 한다.

폴을 어깨라인과 평행하게 만들고 신체의 자세를 확인해가면서 스키를 타야 한다. 자세가 안쪽으로 너무 기울게 되면 눈으로부터 힘(저항)을 충분히 받아들일 수 없기 때문에 특히 주의해야 한다.

패러렐을 응용하여 허리에 폴을 놓고 연습하기

초보자가 많이 실수하는 부분은 폴라인이 떨어질 때 상체가 안쪽으로 기울어져서 턴이 들어가는 것이다.

엉덩이가 뒤로 빠지면서 무게 중심이 뒤로 가게 되는 경우도 많이 볼 수 있다. 허리에 폴을 놓고 팔로 폴을 감싸듯이 잡아서 턴을 시작하면 우선 상체가 앞으로 가게 되면서 몸이 뒤로 가는 경우를 막을 수 있으며, 상체가 안쪽으로 기우는 경우도 잡아줄 수 있다. 턴이 마무리 된 다음, 다음 턴으로 들어갈 때 팔에 힘을 주고 상체를 앞으로 던진다는 느낌으로 들어가보자.

상체도 잡아주고 무게 중심이 뒤로 가는 경우도 잡아줄 것이다.

카빙턴으로 들어가기 응용방법

카빙턴(carving turn) 편

카빙턴(carving turn)의 포인트

여기까지 잘 탈 수 있는 수준이 되었다면 중상급자라고 불릴만한 정도의 레벨이다. 이 책에서 전부 다 소개하지는 못하겠지만, 중상급자를 위한 스키 동작은 연습방법에서 소개하는 것의 연장선에 있다.

카빙 스키에서 종종 틀리는 턴 포인트는 턴하는 초반에 어깨부터 들어가는 경우, 상체가 먼저 나서면서 발이 따라가지 못하는 경우이다. 일반 스키어에게도 최근 들어 이런 증상들이 나타나고 있으며 그 결과로 발과 스키가 뒤처지게 되는 것이다.

시작이 되는 것은 스키의 움직임이고 몸을 어떻게 효과적으로 사용하는가 하는 것은 그 다음의 문제이다. 스키의 움직임은 생각하지 않고 상체만을 신경 쓴다면 부드러운 동작을 만들 수 없다.

턴하는 중에 전체의 체중을 스키의 중심에서 받아서 위로 전체 체중이 떠야 한다. 다음 턴할 때까지 스키와 눈 사이에 뜬 상태로 스키를 돌려줘야 턴이 잘 된다. 어려운 동작이므로 반복적인 연습을 통해 익히도록 한다.

중요한 것은 '바깥쪽 발이다' 라는 느낌으로 스키를 배워보자. 스키가 더 길었던 시대에도 스키가 짧아져 지금의 카빙 스키가 된 오늘날에도 바깥쪽 발의 중요함은 변하지 않고 있다.

07 카빙 들어가기

카빙턴을 훌륭하게 해내기 위한 조건으로는, 스키뿐만이 아니라 골프 등의 스포츠에서도 '몸의 축이 중요하다' 라는 표현을 자주 듣게 된다.

등에 제대로 된 축을 하나 세워두면 좌우 밸런스가 좋아질 뿐만 아니라, 좌우로 균등하게 힘을 가할 수가 있다. 스키는 전신 운동이지, 하반신만을 이용하는 운동이 아니다. 또한 바깥 발의 하중이 그 무엇보다 중요하다. 바깥 발에 하중을 싣고서 스키를 돌려주면 턴이 굉장히 부드러워지며 힘의 강도마저 느낄 수 있을 것이다. 이 모든 것이 바깥 발의 하중을 잘 사용하는 방법과 낙하를 이용한 방법이다.

팁!!!

안쪽 다리와 안쪽 스키를 다루는 부분은 연습방법 4에서 연습한 것 같이 무릎과 무릎 사이에 주먹 두 개가 들어갈 수 있을 정도로 스탠스를 넓혀야만 효율적으로 안쪽 스키를 사용할 수 있다.

카빙 연습 들어가기 –
안쪽 스키 안쪽 무릎이 같이 넘어가는 연습하기

카빙으로 들어가기 위해서는 안쪽 스키도 중요한 역할을 한다. 바깥쪽 스키만이 아니라 삼각 무릎이 되는 것을 막기 위해서도 경사도가 낮은 곳에서 먼저 연습을 해보자.

방향전환을 할 때 안쪽 스키를 안쪽 무릎과 같이 넘긴다는 생각으로 안쪽 무릎을 안쪽으로 넘긴다. 카빙 스키의 턴의 호가 더욱 빨리 넘어가는 것을 알 수 있을 것이다. 에지각이 안쪽 스키와 바깥쪽 스키가 일정하게 넘어가야 한다.

주의할 점은 안쪽 스키를 사용하기 위해서는 바깥쪽 스키의 안쪽 에지에 하중을 확실하게 실어주고 안쪽 스키의 무릎을 넘겨줘야 하며, 너무 안쪽으로 기울지 않도록 주의해야 한다.

카빙턴이나 롱턴에서 삼각무릎이 가장 나쁜자세인데, 이를 고칠 수 있는 것은 턴하면서 안쪽 스키의 아웃에지를 바깥 스키에 힘주는 10분의 1에서 10분의 3정도로 쓰는 것이 삼각 무릎을 고치는 가장 좋은 방법이다. 각자 개인에 맞는 힘을 주면서 연습해보자.

숏턴 들어가기 전에 다시 한번 체크하기

포지션을 확실히 머릿속에 기억해 두자.

자신이 생각하는 동작의 움직임으로 운동을 하기 위해서는 정확하게 옳은 포지션을 아는 것이 중요하다.

일단 정지한 상태에서 확인해 보자.

(옳은) 중간 자세 : 중요한 것은 무릎 발목의 적당한 굽힘, 상체의 전경각이 동등하게 되는 것 그리고 발바닥의 전신에 고른 체중이 실리도록 하는 것이다. 스키 위에 정확히 신체가 올라가 있다라는 느낌으로 중간 자세를 유지한다.

완벽한 중간 자세는 스키를 타는 것에 있어서 가장 중요하다. 그러므로 스키 자세를 항상 머릿속에 기억해 두어야 한다. 전경 자세에는 고관절과 무릎의 가동력이 제한을 받아서 움직임 없이 끝나게 되며, 후경 자세는 스키에 올라타는 것이 아니므로 스피드 컨트롤이 불가능해진다. 몸이 뒤로 빠질수록 스피드가 더 많이 난다는 사실을 기억해 두자.

스키 날 세울 때를 위한, 발바닥의 감각에 집중하기

자세 잡는 것에 익숙해졌다면 기본 자세와 턴하는 중에 각각 발바닥의 감각이 어떻게 다른지를 느껴보자. 직활강 턴 동작 중의 날 세우는 동작과 같으므로 신경 써서 연습하도록 한다.

기본 자세에서는 엄지발가락 밑에 볼록 튀어나와 있는 부분과 새끼발가락 밑에 볼록 튀어나와 있는 부분 그리고 발꿈치, 이 세 부분을 연결한 삼각형 부분에 힘을 가한다는 느낌으로 체중을 실어야 한다. 그리고 스키 날을 세울 때에는 바깥 다리와 안쪽 다리에 차이가 있으므로 주의해야 한다. 바깥 발의 경우에는 발의 안쪽에 힘을 걸듯이 체중을 싣고, 안쪽 다리는 발의 바깥쪽에 힘을 걸어주듯이 해야 한다. 바로 이것이 턴할 때의 에지감각인 것이다. 여기에서는 우선 감각에 익숙해지는 것만으로도 충분하므로, 폴로 몸을 지탱한 상태에서 연습해보도록 하자.

09 기본 숏턴 연습하기

스키 타는 모습을 보고 연습방법 포인트를 체크하기

숏턴은 동작의 사이클이 빠르기 때문에 항상 새로운 동작을 이어나가야만 한다. 새로운 동작을 하기 위해서는 당연히 준비 동작이 있기 마련이지만 숏턴의 경우에는 각각의 동작들과 준비 동작을 동시에 해내야만 한다. 폴을 찌르기 위한 준비 동작들과 해당 동작들은 항상 시시각각으로 이루어지고 있다. 그러므로 숏턴 동작에서는 여러 가지 동작들과 해당 준비 동작들을 동시에 해낼 수 있는, 무엇보다도 일련의 동작들을 리듬있게 해낼 수 있는 코디네이션 능력이 필요하다.

폴 없이 숏턴 스키타기

폴 없이 숏턴을 연습해보자

폴로 밸런스를 보정해주거나 턴을 리드해주는 것이 불가능하기 때문에 다리의 움직임을 최대한으로 활용해야만 한다. 포인트는 약간 낮은 자세를 유지하면서 다리, 특히 무릎 사이를 크게 넓혀준다. 이렇게 자세를 낮게 잡아주는 것만으로도 밸런스를 맞추는 것이 수월해지는 것을 느낄 것이다. 상반신으로 턴을 리드하면 눈으로부터의 힘(저항)을 이용해 방향전환하는 것이 힘들어지기 때문에 주의한다. 양팔을 앞으로 쭉 뻗어서 상반신을 안정시킨 상태로 연습해보자.

 팁!!!

숏턴의 중요한 부분은 하반신이다. 하반신을 잘 이용하여 무릎을 기울이는 것으로 스키 날의 각도를 조절해야 한다. 몸 전체를 기울여서 하게 되면 밸런스가 엉망이 되는 것뿐만이 아니라 충분히 스키 날을 세우는 것도 불가능해지기 쉽다. 몸이 항상 앞쪽으로 향하고 엉덩이는 안쪽으로 넣어서 엉덩이에서 스키까지가 기울어지는 상태로 연습한다. 무엇보다도 발바닥의 감각을 익혀서 확실하게 힘(저항)을 받아들일 수 있도록 하는 것이 중요하다.

11 숏턴 응용-폴을 무릎 뒤에 붙이고 연습하기

상반신의 움직임을 억제하는 것으로 다리의 움직임을 최대한 끌어내는 연습방법으로 폴을 함께 잡은 다음 무릎 뒤에 붙인 상태에서 스키를 탄다.

첫 시도에서는 익숙하지 않기 때문에 상반신이 움직이게 되지만, 몇 번이고 반복해서 연습을 하면 무릎으로 스키를 컨트롤하는 요령에 점점 익숙해질 것이다. 상하동작을 억누르고 처음의 웅크린 자세를 끝까지 유지하는 것이 포인트이다. 방향전환에서 필요 이상으로 몸을 일으켜 세우면 무릎을 이용해 스키 날을 세우는 것이 힘들어지기 때문에, 중간 자세를 항상 염두에 두면서 연습한다.

무릎의 방향에 주목하라

안쪽 스키에 몸을 실어버리면 바깥 스키가 가위 모양으로 열리게 되면서 무릎을 이용한 동작을 충분히 활용하지 못하게 된다. 무릎을 이용해 스키 날 다루는 것을 의식해서 확실하게 바깥 발에 하중을 실어주고, 양 스키를 동시에 조작해 멋있게 타보자.

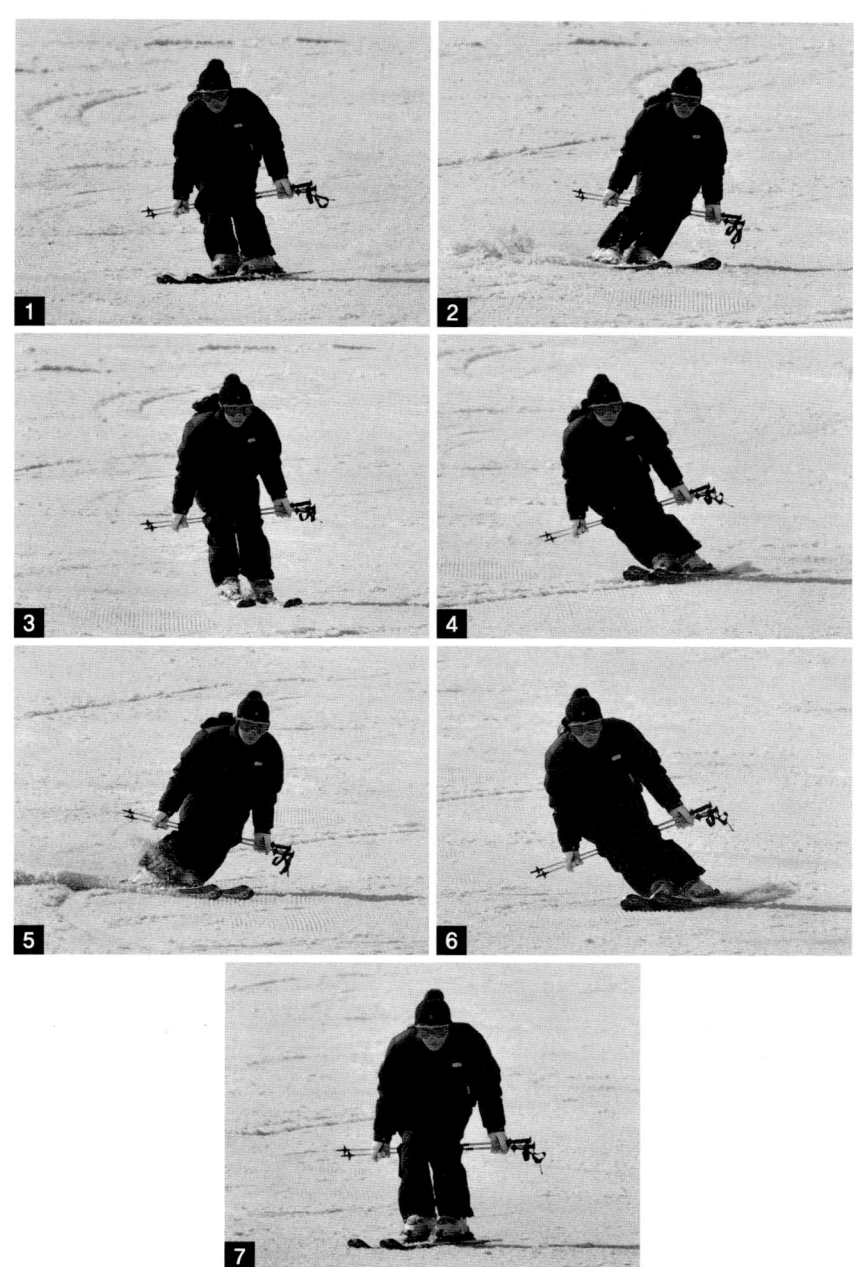

12 숏턴 응용 – 폴을 어깨에 메고 연습하기

양 폴을 어깨에 멘 다음에 상반신의 움직임을 억제하고서 숏턴을 연습해보자. 폴을 목 뒤에다가 얹는 것이 아니라, 확실하게 손으로 눌러서 어깨라인에 맞추는 것이 포인트이다.

이렇게 자세를 취해주지 않으면 몸의 기울어짐이나 상체의 비틀어짐을 올바르게 체크할 수가 없다. 상체가 턴 방향으로 돌아가게 되면 스스로도 금세 알아채기 때문에, 상체로 턴 하는 버릇이 있는 스키어에게 효과적인 연습방법이다. 또 다리의 움직임을 최대한 끌어내거나 밸런스 능력을 키우는 효과도 있기 때문에, 부드럽게 동작을 할 수 있을 때까지 반복해서 연습한다.

팁!!!

상체를 지나치게 비틀면 다리의 움직임이 제한되어 허점이 많은 턴이 된다. 이렇게 될 경우 스키를 제대로 컨트롤 할 수 없게 되므로, 이로 인해 턴 동작은 더더욱 상체 중심으로 이뤄지는 악순환에 빠지게 된다. 적절한 앵귤레이션을 이용해 눈에서 가까운 부분부터 동작이 이루어져야 한다는 기본을 잊지 말자.

13 숏턴 응용 – 폴 중간 잡고 연습하기

숏턴에서의 중요한 부분은 상체를 움직이지 않도록 고정하고 하체부분만 이용해서 턴을 하는 것이다.

응용방법 역시 하체부분을 연습하는 방법이다.

폴 체킹의 타이밍이 잘 안 맞는다고 생각되면 폴의 중간을 잡고 연습해보자.

폴을 짧게 잡은 다음 몸을 낮춘 상태에서 턴을 시작한다. 이런 답답한 상태를 만들어내어 하반신을 좀 더 움직이도록 하기 위해서이며, 상체를 고정시키면서 다리 동작과 폴 체킹 타이밍을 맞추어 턴을 연습한다.

폴 체킹을 했으면 다음 턴으로 방향을 바꿀 준비를 해야 한다.

무릎이 앞서 나가도록 하면서 폴 체킹을 하고 재빠르게 다음 바깥쪽 스키의 안쪽 에지로 하중을 실으면서 방향 전환을 해보자.

팁!!!

이렇게 하면 싫든 좋든간에 하반신을 이용해서 밸런스를 유지해야만 한다.
몸이 낮아져 있는 상태일지라도 엉덩이가 너무 빠져서는 안 된다. 자세가 낮게 잡히면 대개의 경우 사람들은 엉덩이가 뒤로 빠지게 된다. 그렇게 되지 않도록 하반신을 더 움직이면서 상반신을 반드시 세우도록 한다.

숏턴 응용 – 폴 끝을 위로 하고 연습하기

숏턴에서는 상체가 움직임이 없어야 하며 하체 다리를 이용해서 턴을 해보자.

폴의 끝 부분이 위로 향하게 들고 상체를 고정시키는 연습을 해보자.

폴이 좌우로 흔들리면 상체가 고정되어 있지 않다는 것이다. 폴이 가능한 흔들리지 않게 턴을 하면서 손에 잡은 폴 사이로 보이는 시야가 향상 폴라인 방향이 되도록 한다.

15 숏턴 응용 – 양 폴 같이 찍기 연습하기

숏턴을 하면서 앞에 양 폴을 같이 찍어 보자.

업(up)동작을 확실히 느낄 수 있으면 상체 돌아가는 것을 잡을 수 있으므로 숏턴 하체의 역할이 수월해질 것이다. 낮은 경사면에서 연습 후 높은 경사면으로 이동해서 연습해 보자. 업 다운 동작을 확실히 연습하는 것이 포인트이다.

상체의 정확한 위치를 확인하기 위한 연습이다.

17 베이직 숏턴 연습하기

　지금까지 해왔던 연습방법들의 성과를 확인하기 위해 베이직 숏턴(basic short turn)을 한 번 해보도록 하자.

　동작 하나하나를 확인하는 것이 목적이므로 부드럽게 상하동작을 해주어 적당한 리듬과 스피드로 턴을 연속해서 해보자. 특히 주의해야 할 것은 스키를 컨트롤하는 데 있어 주도권을 잡는 것은 상체가 아니라 하체라는 것이다. 빨리 턴을 해야겠다는 급한 마음으로 몸을 움직이면, 다시 말해 몸이 안쪽으로 너무 기울어지게 되면 자신이 생각했던대로 스키가 움직이지 않게 되므로 주의한다.

　턴 초반부에서 상체를 비틀면 턴 후반에서는 바깥 다리가 펴지고, 이로 인해 스키 날을 제대로 세울 수 없게 된다. 모든 동작은 눈에서 가까운 곳으로부터 시작한다는 기본을 잊지 말도록 한다. 특히 숏턴 동작에서 효과적인 것은 상체를 펴고 하체를 자유롭게 움직일 수 있어야 한다. 이때 앞뒤로 흔들리지 않도록 주의한다.

　상체를 일으켜서 고정시키고 하체를 끌어안은 상태를 유지하며, 적은 움직임만으로 방향전환하는 것을 벤딩이라고 하는데, 숏턴이나 미들턴과 같은 짧은 리듬으로 빠르게 방향전환을 해야 할 때 사용하면 최적의 방법이다.

양손으로 무릎을 잡고 같이 넘겨주는 연습과 양손으로 한쪽 무릎을 잡고 연습하는 카빙 들어가기 연습을 해보자.

여러 가지 응용 동작을 통해서 롱턴, 미들턴, 숏턴 응용연습을 했으므로, 여기에서는 카빙 스키로 들어가는 동작을 연습해 보자.

이번 동작은 양다리로 하는 것이다. 최종적으로 이 동작을 해낼 수 있다면 제대로 된 카빙턴을 할 수 있다는 것이 된다.

한 발 동작에서 양발 동작으로 전환할 때 주의해야 하는 것은 스탠스에 맞추어서 안쪽 발을 얹어주는 것과 안쪽 발의 움직임을 바깥 발과 맞추는 것이다. 처음에는 두 발의 움직임이 잘 맞지 않아 초조해질 수도 있지만, 습관이 들어야만 하는 것이므로 크게 신경 쓸 필요는 없다. 발의 움직임은 경사면에서 하는 스케이팅 동작의 요령으로 하여, 바깥쪽의 에지로 눈을 잡아내면서 앞으로 나아가도록 한다. 여기서 양다리의 동작에 너무 신경을 쓴 나머지 다리를 지나치게 뻗지 않도록 한다. 무릎에는 충분한 여유가 있도록 하며, 무릎 동작의 역할을 잊지 말고 하중을 실어내도록 하자.

상반신의 밸런스를 유지할 때는 커다란 풍선을 들고 있다는 이미지를 연상하면서 손을 벌려 주는 것이 좋다. 이렇게 하면 가슴은 젖혀지면서 등줄기는 펴지기 때문이다. 이 기본 자세는 방향전환을 할 때의 자세이기도 하므로 확실하게 익혀 두도록 한다.

Point 1

안쪽 다리는 바깥 에지를 이용해서
카빙턴을 한다.
안쪽 발의 바깥 에지, 새끼발가락
에서 발꿈치에 걸쳐 체중을 얹는다
는 느낌으로 하중을 실어내어 나아
간다.

Point 2

두 스키의 움직임을 맞추어서
확실하게 하중을 싣는다.
양다리를 턴의 옆으로 뻗으면서
부드럽게 하중을 실어내어 가도
록 하자. 무릎에 여유가 있게
하여 눈 위의 울퉁불퉁함을 모
두 흡수해 낼 수 있어야 한다.

19 활강폼 연습하기

　폴을 양쪽 겨드랑이에 낀 채 웅크린 자세를 취한 후 상체를 앞쪽으로 기울인다. 크로칭(웅크린) 자세로 상체는 잡아주고 다리로 스키를 탈 수 있는 동작으로 상체는 항상 폴라인을 향하도록 한다. 방향 전환은 무릎으로 리드하며 상체가 뒤쳐지지 않도록 주의한다.

　활강시합 시 또는 대회전에서 기문과 기문 사이가 풀어져 있는 곳에서 사용하면 스피드를 낼 수 있는 동작이다.
　꼭 낮은 경사에서 연습을 하도록 한다.

스키 타기 전 *준비운동*

스키를 타기 전에 해두면 좋은 준비체조를 소개한다. 버스나 자동차 안에서 장시간 있다가 스키장에 막 도착했을 때는, 우선 준비체조를 해두는 것이 좋다. 몸도 풀 수 있고 다칠 일에 대해 예방도 할 수 있기 때문에 잊지 말고 한다. 순서가 특별히 있는 것은 아니지만, 어디를 움직여야 하는지, 어디를 쭉 펴는 것이 좋은지 등에 대해서 참고하면 좋다.

준비운동 1 ♣ 목부분 풀어주기

준비운동의 시작은 목부분을 손으로 당겨주면서 확실히 풀어주는 것으로. 이렇게 목을 움직여두면 어깨와 목이 풀리고 어깨와 목이 순환하게 되기 때문이다.

준비운동 2 ♣ 양손을 위로 잡고 상체를 좌우로 움직이기

양손을 머리 위로 올리면서 쭉 펴서 몸을 좌우로 기울여주자. 운동도 각 방향마다 약 5초씩, 바깥쪽 어깨를 들어주는 느낌으로 하면 더더욱 효과가 좋다. 어깨와 등, 몸의 옆부분을 느끼면서 확실하게 뻗어준다.

준비운동 3 ♣ 폴을 허리에 붙이고 상반신 비틀기

폴을 뒤로 두고 양손으로 잡자. 처음에는 가볍게, 그리고 점점 동작을 크게 해서 몸을 비틀어보자. 너무 세게 몸을 비트는 것은 좋지 않으며, 부드럽게 해주는 것이 포인트이다.

준비운동 4 ♣ 다리를 앞뒤로 흔들기

양손으로 폴을 들고 폴을 버팀목 삼아, 다리를 앞뒤로 흔들어보자. 이것 역시 너무 세게 해서는 안 된다. 스키부츠의 무게가 있기 때문에 원심력으로 자연스럽게 하반신이 펴지는 것을 느낄 수 있을 것이다. 느긋하게 하면서 조금씩 움직임을 크게 해보자.

준비운동 5 ♣ 어깨 스트레칭 1

팔을 들어 등 쪽으로 돌려 넘긴 다음에, 반대쪽 팔로 당겨주면 어깨나 겨드랑이, 등을 펴줄 수 있다. 펼치고 있는 중에 얼굴은 올리도록 한다. 무리해서 세게 당기지 말고 양어깨를 각각 기분이 좋을 정도로 약 5초 정도씩 잡아당겨 준다.

준비운동 6 ♣ 어깨 스트레칭 2

한쪽 팔을 앞으로 뻗은 상태에서, 반대편 팔이 미리 뻗은 팔을 잡아당기듯이 하면 어깨부터 팔까지 펴줄 수 있다. 몸이 비틀어질 정도로 잡아당기지 않도록 주의하면서 이것 역시 5초 정도 해주면 된다.

준비운동 7 ♣ 어깨 스트레칭 3

이 자세에서 신경써야 하는 것은 가슴 근육을 펴주는 것이다. 양손을 뒤쪽으로 쭉 당겨준 상태에서 상체를 뒤로 젖혀주면, 복근이 펴지는 것을 느낄 수 있을 것이다.

준비운동 8 ♣ 손목 스트레칭하기

　손목도 확실하게 뻗어주도록 하자. 넘어지거나 폴을 다루는 것 때문에 의외로 손목 아플 일이 많을 것이다. 흔들흔들 털어주거나 양손을 서로 잡고 돌려주는 것도 괜찮고, 여러 가지 동작이 있으므로 자신의 취향에 따라 스트레칭 한다.

준비운동 9 ♣ 어깨에서 등, 다리의 뒷부분까지 풀어주기

　손을 쭉 뻗어서 최대한 멀리 폴을 찔러주어 몸이 앞으로 기울도록 해서 몸 뒷부분 전체를 뻗어보자. 폴에 기대어 할 수 있는 만큼 최대한 몸을 앞으로 기울이면서. 스키부츠를 있는 힘껏 꺾어보도록 한다.

준비운동 10 ♣ 양 폴을 뒤로 보내고 어깨 스트레칭하기

어깨 스트레칭의 준비운동이다. 양 폴을 뒤로 보내고 다리를 가지런히 해서 간격을 좁혀 엉덩이 주변을 중점적으로 스트레칭 한다. 어깨는 뒤로 기지개 하는 듯이 해준다.

준비운동 11 ♣ 무릎과 다리의 안쪽 부분 풀어주기

폴을 찔러 넣으면 균형 잡기도 쉽고 폴을 다루는 연습도 겸할 수 있다. 이럴 때 폴을 활용하는 습관을 붙여 친숙해지는 것이 좋다.

준비운동 12 ♣ 다리의 뒷부분에서 엉덩이에 걸쳐 뻗어주기

아마 스키장에서 가장 많이 보게 될 스트레칭 자세일 것이다. 한쪽 스키를 세워서 다리 뒷부분을 풀어주는 동작이다. 처음에는 익숙하지 않아 안정된 자세가 나오지 않겠지만, 익숙해지면 그렇게 어렵지 않다. 킥턴(kick turn)이 준비운동과 같은 동작에 속한다. 역시 폴로 상반신이 쓰러지지 않도록 해주는 것이 중요하다.

준비운동 13 ♣ 다리 전체와 발목 풀어주기

등 뒤로 스키를 보내 앞 끝을 세워준 다음에, 스키의 뒤 끝을 팔을 이용해 당겨주며 스트레칭 한다. 사진에서와 같이 몸의 앞부분, 특히 무릎에서부터 넓적다리까지 걸쳐 쭉 펼쳐주면 발목부분까지 스트레칭이 된다. 초보자들에게는 약간 어려운 동작일 수도 있으므로 주의한다.

준비운동 14 ♣ 발목을 써서 스키의 앞부분 흔들기

마지막으로 발목체조로 초보자는 생각지도 못하게 넘어지는 경우가 많아 발목을 접질리거나 다치는 경우가 많다. 운동 전에 발목을 힘껏 좌우로 흔들어줘서 워밍업을 하도록한다.

스키 용어

기르란데[girlande (독)] 반복해서 한쪽 턴만 . 연습하는 동작으로 사활강으로 가면서 작은 턴을 up down과 같이 반복해서 연습한다.

슈템턴(stem turn) 플루크보겐과 패러렐의 중간과정으로 사활강에서는 스키를 나란히 11자로 두고 폴라인에서는 스키가 V자로 턴이 들어가는 동작이다.

사활강 사선으로 내려가는 동작을 말한다.

폴라인 경사면이 있는 방향을 폴라인 방향이라고 한다(스피드가 가장 빨라지는 위치).

산 쪽 스키와 계곡 쪽 스키 경사면을 활주할 때 산 쪽 방향에 있는 스키는 산 쪽 발 스키를 말하며, 계곡 쪽에 있는 스키를 계곡 쪽 발 스키라고 한다. 턴의 방향이 바뀌면 좌우가 바뀌게 된다.

패러렐턴(parallel turn) 스키를 평행한 상태로 턴하는 기술을 말한다.

플루크[pflug(독)] 스키의 뒷부분을 넓혀서 A자 모양으로 만드는 동작을 말한다.
뒤쪽은 눈을 밀어내는 동작, 앞쪽은 스키가 겹치지 않을 정도로 모으는 동작을 말한다.

플루크보겐[pflug bogea(독)] 플루크 자세(A자)로 턴하는 동작을 말한다. 스키의 기초동작

으로 체중 전체를 좌우로 옮겨준다는 느낌으로 체중을 실으면 턴이 된다.

턴 반달 모양이 되도록 호를 그린다.

하중 전체적으로 체중을 실고 눈 위에서 힘을 주는 동작을 말한다(좌우 동작이 이루어져야 한다).

에징(edging) 설면에 스키의 날을 세워주는 동작으로(스키 판 양 옆에 에지가 있다) 에지를 세워서 타는 것을 말한다. 높은 경사면에서는 많이 세워주고 낮은 경사면에서는 덜 세워주면서 스피드를 즐길 수 있다.

롱턴 알파인 스키에서는 대회전이라고 하며 반달모양의 호를 크게 해서 턴하는 동작(패러렐)을 말한다.

미들턴 반달모양의 호를 롱턴보다는 작게, 숏턴보다는 크게 중간턴 정도로 턴하는 동작을 말한다.

숏턴 반달모양의 호를 작게 해서 턴하는 동작으로 알파인 스키에서는 회전이라고 한다.

카빙 스키 예전의 노말 스키(일반 스키)에서 스키턴을 쉽게 할 수 있도록 만들어진 스키로 사이드 컷을 크게 해서 턴이 쉬워진다. 선수처럼 스키를 탈 수 있게 된다.

협찬

허승욱 BHS www.skihur.com (02.540.7092)

지산포레스트 리조트 (031.644.1200)

DYNASTAR

스포츠 파크 www.sportspark.co.kr(02.515.1571)

목동실내스키장 www.skigogo.com(02.2699.9606)

김창수 사진

이종호 사진

참고자료

스키를 잡자! 마루틴 구간

스키 초보자 레슨, 이와부치

가림출판사 · 가림M&B · 가림Let's에서 나온 책들

문학

바늘구멍
켄 폴리트 지음 / 홍영의 옮김
신국판 / 342쪽 / 5,300원

레베카의 열쇠
켄 폴리트 지음 / 손연숙 옮김
신국판 / 492쪽 / 6,800원

암병선
니시무라 쥬코 지음 / 홍영의 옮김
신국판 / 300쪽 / 4,800원

첫키스한 얘기 말해도 될까
김정미 외 7명 지음 / 신국판 / 228쪽 / 4,000원

사미인곡 上·中·下
김충호 지음 / 신국판 / 각 권 5,000원

이내의 끝자리
박수완 스님 지음 / 국판변형 / 132쪽 / 3,000원

너는 왜 나에게 다가서야 했는지
김충호 지음 / 국판변형 / 124쪽 / 3,000원

세계의 명언
편집부 엮음 / 신국판 / 322쪽 / 5,000원

여자가 알아야 할 101가지 지혜
제인 아서 엮음 / 지창국 옮김
4×6판 / 132쪽 / 5,000원

현명한 사람이 읽는 지혜로운 이야기
이정민 엮음 / 신국판 / 236쪽 / 6,500원

성공적인 표정이 당신을 바꾼다
마츠오 도오루 지음 / 홍영의 옮김
신국판 / 240쪽 / 7,500원

태양의 법
오오카와 류우호오 지음 / 민병수 옮김
신국판 / 246쪽 / 8,500원

영원의 법
오오카와 류우호오 지음 / 민병수 옮김
신국판 / 240쪽 / 8,000원

석가의 본심
오오카와 류우호오 지음 / 민병수 옮김
신국판 / 246쪽 / 10,000원

옛 사람들의 재치와 웃음
강형중 · 김경익 편저 / 신국판 / 316쪽 / 8,000원

지혜의 쉼터
쇼펜하우어 지음 / 김충호 엮음
4×6판 양장본 / 160쪽 / 4,300원

헤세가 너에게
헤르만 헤세 지음 / 홍영의 엮음
4×6판 양장본 / 144쪽 / 4,500원

사랑보다 소중한 삶의 의미
크리슈나무르티 지음 / 최윤영 엮음
신국판 / 180쪽 / 4,000원

장자-어찌하여 알 속에 털이 있다 하는가
홍영의 엮음 / 4×6판 / 180쪽 / 4,000원

논어-배우고 때로 익히면 즐겁지 아니한가
신도희 엮음 / 4×6판 / 180쪽 / 4,000원

맹자-가까이 있는데 어찌 먼 데서 구하려 하는가
홍영의 엮음 / 4×6판 / 180쪽 / 4,000원

아름다운 세상을 만드는 사랑의 메시지 365
DuMont monte Verlag 엮음 / 정성호 옮김
4×6판 변형 양장본 / 240쪽 / 8,000원

황금의 법
오오카와 류우호오 지음 / 민병수 옮김
신국판 / 320쪽 / 12,000원

왜 여자는 바람을 피우는가?
기젤라 룬테 지음 / 김현성 · 진정미 옮김
국판 / 200쪽 / 7,000원

세상에서 가장 아름다운 선물
김인자 지음 / 국판변형 / 292쪽 / 9,000원

수능에 꼭 나오는 한국 단편 33
윤종필 엮음 / 신국판 / 704쪽 / 11,000원

수능에 꼭 나오는 한국 현대 단편 소설
윤종필 엮음 및 해설 / 신국판 / 364쪽 / 11,000원

수능에 꼭 나오는 세계단편(영미권)
지창영 옮김 / 윤종필 엮음 및 해설
신국판 / 328쪽 / 10,000원

수능에 꼭 나오는 세계단편(유럽권)
지창영 옮김 / 윤종필 엮음 및 해설
신국판 / 360쪽 / 11,000원

대왕세종 1 · 2 · 3
박충훈 지음 / 신국판 / 각 권 9,800원

세상에서 가장 소중한 아버지의 선물
최은경 지음 / 신국판 / 144쪽 / 9,500원

건강

아름다운 피부미용법
이순희(한독피부미용학원 원장) 지음
신국판 / 296쪽 / 6,000원

버섯건강요법
김병각 외 6명 지음 / 신국판 / 286쪽 / 8,000원

성인병과 암을 정복하는 유기게르마늄
이상현 편저 / 쿄오 샤오이 감수
신국판 / 312쪽 / 9,000원

난치성 피부병
생약효소연구원 지음 / 신국판 / 232쪽 / 7,500원

新 방약합편
정도명 편역 / 신국판 / 416쪽 / 15,000원

자연치료의학
오홍근(신경정신과 의학박사 · 자연의학박사) 지음
신국판 / 472쪽 / 15,000원

약초의 활용과 가정한방
이인성 지음 / 신국판 / 384쪽 / 8,500원

역전의학
이시하라 유미 지음 / 유태종 감수
신국판 / 286쪽 / 8,500원

이순희식 순수피부미용법
이순희(한독피부미용학원 원장) 지음
신국판 / 304쪽 / 7,000원

21세기 당뇨병 예방과 치료법
이현철(연세대 의대 내과 교수) 지음
신국판 / 360쪽 / 9,500원

신재용의 민의학 동의보감
신재용(해성한의원 원장) 지음 / 신국판 / 476쪽 / 10,000원

치매 알면 치매 이긴다
배오성(백상한방병원 원장) 지음
신국판 / 312쪽 / 10,000원

21세기 건강혁명 밥상 위의 보약 생식
최경순 지음 / 신국판 / 348쪽 / 9,800원

기치유와 기공수련
윤한홍(기치유 연구회 회장) 지음
신국판 / 340쪽 / 12,000원

만병의 근원 스트레스 원인과 퇴치
김지혁(김지혁한의원 원장) 지음
신국판 / 324쪽 / 9,500원

김종성 박사의 뇌졸중 119
김종성 지음 / 신국판 / 356쪽 / 12,000원

탈모 예방과 모발 클리닉
장정훈 · 전재홍 지음 / 신국판 / 252쪽 / 8,000원

구태규의 100% 성공 다이어트
구태규 지음 / 4×6배판 변형 / 240쪽 / 9,900원

암 예방과 치료법
이춘기 지음 / 신국판 / 296쪽 / 11,000원

알기 쉬운 위장병 예방과 치료법
민영일 지음 / 신국판 / 328쪽 / 9,900원

이온 체내혁명
노보루 야마노이 지음 / 김병관 옮김
신국판 / 272쪽 / 9,500원

어혈과 사혈요법
정지천 지음 / 신국판 / 308쪽 / 12,000원

약손 경락마사지로 건강미인 만들기
고정환 지음 / 4×6배판 변형 / 284쪽 / 15,000원

정유정의 LOVE DIET
정유정 지음 / 4×6배판 변형 / 196쪽 / 10,500원

머리에서 발끝까지 예뻐지는 부분다이어트
신상만 · 김선민 지음 / 4×6배판 변형
196쪽 / 11,000원

알기 쉬운 심장병 119
박승정 지음 / 신국판 / 248쪽 / 9,000원

알기 쉬운 고혈압 119
이정균 지음 / 신국판 / 304쪽 / 10,000원

여성을 위한 부인과질환의 예방과 치료
차선희 지음 / 신국판 / 304쪽 / 10,000원

알기 쉬운 아토피 119
이승규 · 임승엽 · 김문호 · 안유일 지음
신국판 / 232쪽 / 9,500원

120세에 도전한다
이권행 지음 / 신국판 / 308쪽 / 11,000원

건강과 아름다움을 만드는 요가
정판식 지음 / 4×6배판 변형 / 224쪽 / 14,000원

우리 아이 건강하고 아름다운 롱다리 만들기
김성훈 지음 / 대국전판 / 236쪽 / 10,500원

알기 쉬운 허리디스크 예방과 치료
이종서 지음 / 대국전판 / 328쪽 / 12,000원

소아과 전문의에게 듣는 알기 쉬운 소아과 119
신영규 · 이강우 · 최성항 지음
4×6배판 변형 / 280쪽 / 14,000원

피가 맑아야 건강하게 오래 살 수 있다
김영찬 지음 / 신국판 / 256쪽 / 10,000원

웰빙형 피부 미인을 만드는 나만의 셀프 피부건강
양해원 지음 / 대국전판 / 144쪽 / 10,000원

내 몸을 살리는 생활 속의 웰빙 항암 식품
이승남 지음 / 대국전판 / 248쪽 / 9,800원

마음한글, 느낌한글
박완식 지음 / 4×6배판 / 300쪽 / 15,000원

웰빙 동의굴감식 발마사지 10분
최미희 지음 / 신재용 감수
4×6배판 변형 / 204쪽 / 13,000원

아름다운 몸, 건강한 몸을 위한 목욕 건강 30분
임하성 지음 / 대국전판 / 176쪽 / 9,500원

내가 만드는 한방생주스 60
김영섭 지음 / 국판 / 112쪽 / 7,000원

몸을 살리는 건강식품
백은희 · 조장호 · 최양진 지음
신국판 / 384쪽 / 11,000원

건강도 키우고 성적도 올리는 자녀 건강
김진돈 지음 / 신국판 / 304쪽 / 12,000원

교육

취미실용

어학

2진법 영어
이상도 지음 / 4×6배판 변형 / 328쪽 / 13,000원

한 방으로 끝내는 영어
고제윤 지음 / 신국판 / 316쪽 / 9,800원

한 방으로 끝내는 영단어
김승엽 지음 / 김경수 · 카렌다 감수
4×6배판 변형 / 236쪽 / 9,800원

해도해도 안 되던 영어회화 하루에 30분씩 90일이면 끝낸다
Carrot Korea 편집부 지음
4×6배판 변형 / 260쪽 / 11,000원

바로 활용할 수 있는 기초생활영어
김수경 지음 / 신국판 / 240쪽 / 10,000원

바로 활용할 수 있는 비즈니스영어
김수경 지음 / 신국판 / 252쪽 / 10,000원

생존영어55
홍일록 지음 / 신국판 / 224쪽 / 8,500원

필수 여행영어회화
한현숙 지음 / 4×6판 변형 / 328쪽 / 7,000원

필수 여행일어회화
윤영자 지음 / 4×6판 변형 / 264쪽 / 6,500원

필수 여행중국어회화
이은진 지음 / 4×6판 변형 / 256쪽 / 7,000원

영어로 배우는 중국어
김승엽 지음 / 신국판 / 216쪽 / 9,000원

필수 여행 스페인어회화
유연창 지음 / 4×6판 변형 / 288쪽 / 7,000원

바로 활용할 수 있는 홈스테이 영어
김형주 지음 / 신국판 / 184쪽 / 9,000원

필수 여행 러시아어회화
이은수 지음 / 4×6판 변형 / 248쪽 / 7,500원

영어 먹는 고양이
권혁천 지음 / 4×6배판 변형 / 164쪽 / 9,500원

여행

우리 땅 우리 문화가 살아 숨쉬는 옛터
이형권 지음 / 대국전판(올컬러) / 208쪽 / 9,500원

아름다운 산사
이형권 지음 / 대국전판(올컬러) / 208쪽 / 9,500원

맛과 멋이 있는 낭만의 카페
박성찬 지음 / 대국전판(올컬러) / 168쪽 / 9,900원

한국의 숨어 있는 아름다운 풍경
이종원 지음 / 대국전판(올컬러) / 208쪽 / 9,900원

사람이 있고 자연이 있는 아름다운 명산
박기성 지음 / 대국전판(올컬러) / 176쪽 / 12,000원

마음의 고향을 찾아가는 여행 포구
김인자 지음 / 대국전판(올컬러) / 224쪽 / 14,000원

생명이 살아 숨쉬는 한국의 아름다운 강
민병준 지음 / 대국전판(올컬러) / 168쪽 / 12,000원

틈나는 대로 세계여행
김재관 지음
4×6배판 변형(올컬러) / 368쪽 / 20,000원

풍경 속을 걷는 즐거움 명상 산책
김인자 지음 / 대국전판(올컬러) / 224쪽 / 14,000원

3. 3. 7 세계여행
김완수 지음
신국판(올컬러) / 280쪽 / 12,900원

레포츠

수열이의 브라질 축구 탐방 삼바 축구, 그들은 강하다
이수열 지음 / 신국판 / 280쪽 / 8,500원

마라톤, 그 아름다운 도전을 향하여
빌 로저스 · 프리실라 웰치 · 조 헨더슨 공저
오인환 감수 / 지창영 옮김
4×6배판 / 320쪽 / 15,000원

인라인스케이팅 100%즐기기
임미숙 지음 / 4×6배판 변형 / 172쪽 / 11,000원

스키 100% 즐기기
김동환 지음 / 4×6배판 변형 / 184쪽 / 12,000원

태권도 총론
하웅의 지음 / 4×6배판 / 288쪽 / 15,000원

수영 100% 즐기기
김종만 지음 / 4×6배판 변형 / 248쪽 / 13,000원

건강을 위한 웰빙 걷기
이강옥 지음 / 대국전판 / 280쪽 / 10,000원

쉽고 즐겁게! 신나게! 배우는 재즈댄스
최재선 지음 / 4×6배판 변형 / 200쪽 / 12,000원

해양스포츠 카이트보딩
김남용 편저 / 신국판(올컬러) / 152쪽 / 18,000원

골프

퍼팅 메커닉
이근택 지음 / 4×6배판 변형 / 192쪽 / 18,000원

아마골프 가이드
정영호 지음 / 4×6배판 변형 / 216쪽 / 12,000원

골프 100타 깨기
김준모 지음 / 4×6배판 변형 / 136쪽 / 10,000원

골프 90타 깨기
김광섭 지음 / 4×6배판 변형 / 148쪽 / 11,000원

KLPGA 최여진 프로의 센스 골프
최여진 지음
4×6배판 변형(올컬러) / 188쪽 / 13,900원

KTPGA 김준모 프로의 파워 골프
김준모 지음
4×6배판 변형(올컬러) / 192쪽 / 13,900원

골프 80타 깨기
오태훈 지음 / 4×6배판 변형 / 132쪽 / 10,000원

신나는 골프 세상
유용열 지음
4×6배판 변형(올컬러) / 232쪽 / 16,000원

이신 프로의 더 퍼펙트
이신 지음 / 국배판 변형 / 336쪽 / 28,000원

주니어출신 박영진 프로의 주니어골프
박영진 지음
4×6배판 변형(올컬러) / 164쪽 / 11,000원

골프손자병법
유용열 지음
4×6배판 변형(올컬러) / 212쪽 / 16,000원

박영진 프로의 주말 골퍼 100타 깨기
박영진 지음
4×6배판 변형(올컬러) / 160쪽 / 12,000원

10타 줄여주는 클럽 피팅
현세용 · 서주석 공저
4×6배판 변형 / 184쪽 / 15,000원

단기간에 싱글이 될 수 있는 원포인트 레슨
권용진 · 김준모 지음
4×6배판 변형(올컬러) / 152쪽 / 12,500원

이신 프로의 더 퍼펙트 쇼트 게임
이신 지음
국배판 변형(올컬러) / 248쪽 / 20,000원

인체에 가장 잘 맞는 스킨 골프
박길석 지음
국배판 변형 양장본(올컬러) / 312쪽 / 43,000원

여성실용

결혼준비, 이제 놀이가 된다
김창규 · 김수경 · 김정철 지음
4×6배판 변형(올컬러) / 230쪽 / 13,000원

아동

꿈도둑의 비밀
이소영 지음 / 신국판 / 136쪽 / 7,500원

바리온의 빛나는 돌
이소영 지음 / 신국판 / 144쪽 / 8,000원

허승은과 함께하는
초보자도 쉽게 배우는 **스키 비법**

2010년 12월 31일 제1판 1쇄 발행

지은이 / 허승은
펴낸이 / 강선희
펴낸곳 / 가림출판사

등록/1992. 10. 6. 제4-191호
주소/서울시 광진구 중곡 2동 161-27 경남빌딩 5층
대표전화/458-6451   팩스/458-6450
홈페이지 http://www.galim.co.kr
전자우편 galim@galim.co.kr

값 13,000원

ISBN 978-89-7895-349-8 03690

가림출판사·가림M&B·가림Let's 의 홈페이지(http://www.galim.co.kr)에
들어오시면 가림출판사·가림M&B·가림Let's 의 신간도서 및 출간 예정 도서
를 포함한 모든 책들을 만나실 수 있습니다.
온라인 서점을 통하여 직접 도서 구입도 하실 수 있으며 가림 홈페이지 내에서
전국 대형 서점들의 사이트에 링크하시어 종합 신간 안내 및 각종 도서 정보,
책과 관련된 문화 정보를 받아보실 수 있습니다.
또한 홈페이지 방문시 회원으로 가입하시면 신간 안내 자료를 보내드립니다.